5 4 3 2 1 13 12 11 10 09

ISBN 978-3-88117-805-1

Gestaltung: Christiane Leesker
Satz: Monika Römer
Rezeptentwicklung: Oliver Brachat, Monika Römer
Foodstyling/Foodfotografie: Oliver Brachat
Fotoassistenz: Nina Ebbinghaus
Backstudio: Markus Schubbert
Requisite: Oliver Brachat, Monika Römer
Redaktion: Christiane Leesker

www.hoelker-verlag.de

Printed in China

Monika Römer Oliver Brachat

Meine Weihnachtsbäckerei

Hölker Verlag

Inhalt

Folgende Symbole werden in diesem Buch verwendet:

♥ Tipps zu Zubereitung, Lagerung etc.
🎀 Deko- und Verpackungstipps

Einführung

Weihnachten und Plätzchenbacken gehören einfach untrennbar zusammen. Sicherlich ist es die Vorfreude auf den unwiderstehlichen Duft aus der heimischen Backstube, der Erinnerungen an die Kindheit wachruft und selbst Backmuffel dazu bewegt, Blechdosen mit Selbstgebackenem zu füllen und Familie und Freunde damit zu verwöhnen. Vor allem aber sind es die unvergleichlichen Geschmackserlebnisse, die man erzielt, wenn man die Weihnachtsplätzchen mit erstklassigen Zutaten backt.

Die Details sind wichtig

Verwenden Sie für die Weihnachtsbäckerei ausschließlich frische, natürliche Zutaten bester Qualität. Dies gilt besonders für Butter, Eier, Mandeln, Nüsse, Pistazien und die typischen weihnachtlichen Gewürze. Verwenden Sie möglichst keine synthetischen Aromen, frisch abgeriebene Zitronen- und Orangenschale von unbehandelten Früchten und ungeschwefelte Rosinen, Korinthen und andere Trockenfrüchte. Wenn Sie mit Vollkornmehl arbeiten, sollte es möglichst frisch gemahlen sein.
Die Rezepte in diesem Buch sind nicht schwierig nachzubacken, wenn man die Anweisungen in allen Details genau beachtet: Messen oder wiegen Sie die Zutaten genau ab. Und halten Sie die Angaben zu Ruhe- und Kühlzeiten, Backtemperaturen und -zeiten exakt ein. Falls Sie noch nicht viel Erfahrungen mit dem eigenen Backofen haben, lohnt es sich, die Gebrauchsanweisung noch einmal gründlich zu lesen und ggf. einige Probeplätzchen zu backen. Machen Sie sich fürs nächste Mal Notizen, falls Sie Erfahrungen machen, die von den Angaben in diesem Buch abweichen.

Marzipan

Marzipan ist aus der Weihnachtsbäckerei nicht wegzudenken. Zwar kann man es selbst herstellen, industriell produzierte Marzipanrohmasse ist aber in solch guter Qualität erhältlich, dass man sich diese Mühe nicht zu machen braucht.

Temperierte Kuvertüre oder Kuchenglasur?

Kuvertüre ist eine speziell für die Confiserie und Patisserie hergestellte Schokolade, die aus Kakaomasse, Kakaobutter und Zucker besteht und dünnflüssiger ist als Tafelschokolade. Ihre Qualität hängt, wie bei jeder Schokolade, vom Anteil hochwertiger Kakaobohnen einerseits und vom Gehalt der Kakaomasse im Verhältnis zum Zucker andererseits ab. Je höher er ist, desto herber ist der Geschmack der Schokolade. Entscheidend für den seidigen Glanz einer Schokoladenglasur ist die richtige Temperatur der Kuvertüre vor und während der Weiterverarbeitung. Dazu muss sie mithilfe eines speziellen Thermometers, das im Süßwaren-Fachhandel zu erschwinglichen Preisen erhältlich ist, sorgfältig „temperiert" werden. Am besten geht das mit der so genannten Impfmethode: Zunächst wird ein Großteil der benötigten Kuvertüre grob gehackt und langsam geschmolzen (nicht über 40 °C erhitzen, da sie sich sonst trennt). Dann wird in kleinen Portionen fein geriebene Kuvertüre zugefügt, bis die Mischung dickflüssig wird, sich die Raspel nur noch langsam auflösen und die Schokolade eine Temperatur von 30–33 °C hat. Um zu testen, ob sie richtig temperiert ist, tauchen Sie eine Palette hinein und lassen die Schokolade abkühlen. Sie muss gleichmäßig seidig glänzen und darf keine Schlieren aufweisen. Wer sich diese Mühe nicht machen will, sollte lieber von vornherein auf Schokoladen-Kuchenglasur ausweichen, da nicht fachgerecht temperierte Kuvertüre rasch unansehnlich grau wird. Die Kuchenglasur hat einen schönen Glanz, kann aber geschmacklich nicht mit guter Kuvertüre mithalten.

Zeitplan und Lagerung

Zu Beginn der Adventszeit sollten Sie sich einen kleinen Plan zurechtlegen, wann Sie was backen möchen: Zuerst nehmen Sie am besten die Plätzchensorten in Angriff, die durch längere Lagerzeit immer besser werden. Dazu gehören z. B. Elisenlebkuchen, Honigkuchen, Springerle und Makronen. Dagegen sind z. B. Butterplätzchen ebenfalls lagerfähig, lassen sich sogar portionsweise einfrieren, schmecken aber frisch am besten. Zur Lagerung von Plätzchen verwenden Sie am besten saubere, geruchsfreie und fest schließende Blechdosen oder Frischhalteboxen. Wichtig ist, dass die Plätzchensorten einzeln verpackt sind, damit sie ihren Eigengeschmack behalten.

Bunter Teller

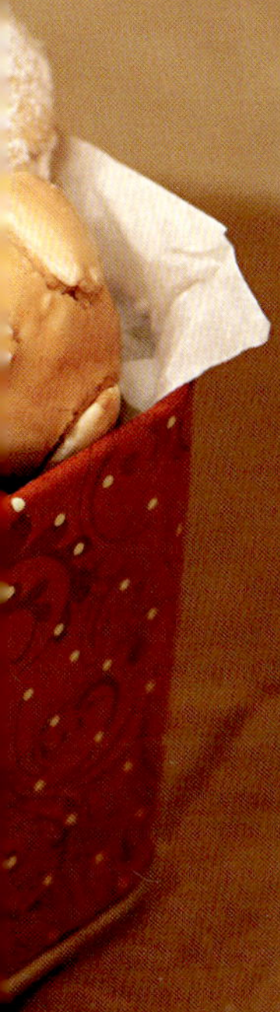

In diesem Lande können wir voll Stolz auf eine weltweit berühmte Advents- und Weihnachtskultur blicken, deren regionale Traditionen gerade in der Plätzchenbäckerei eine unglaubliche Vielfalt hervorgebracht haben. Im kleinen Maßstab spiegelt sich diese Bandbreite auf dem klassischen Bunten Teller wider. Es locken fruchtig gefüllte Spitzbuben, wunderbar mürbe Vanillekipferl, marzipansüße Bethmännchen, kernige Haselnusstaler und viele andere mehr. Da ist für jeden Geschmack bestimmt etwas dabei. Selbstverständlich schmecken die feinen Plätzchen auch schon während der Adventszeit. Am besten legen Sie sich zu deren Beginn einen kleinen Zeitplan zurecht, damit Sie die Gebäcke, die durch eine längere Lagerzeit immer besser werden, auch wirklich zuerst in den Ofen schieben. Tipps dazu finden Sie sowohl im Einleitungsteil als auch bei den einzelnen Rezepten.

Butterplätzchen-Tannenbaum

Für den Teig: 380 g Mehl, 1 Prise Salz, 120 g Puderzucker, 250 g kalte Butter, 2 Eigelb
Für die Glasur: 100 g Puderzucker, 1–2 EL Zitronensaft
Außerdem: Mehl zum Bearbeiten

Auf einer Arbeitsfläche Mehl, Salz und Puderzucker mischen. Die Butter in kleine Stücke schneiden und mit der Mehlmischung krümelig reiben. Eigelbe zufügen und alles zu einem glatten Teig verkneten. Zur Kugel formen, in Klarsichtfolie wickeln und 30 Minuten kühl stellen.
Den Backofen auf 180 °C (Umluft 160 °C, Gas Stufe 3) vorheizen. Den Teig auf einer leicht bemehlten Arbeitsfläche ca. 3 Millimeter dick ausrollen und zu Sternen oder Schneekristallen in 3 verschiedenen Größen ausstechen. Auf mit Backpapier ausgelegte Bleche legen. Im vorgeheizten Backofen (mittlere Schiene) in ca. 10 Minuten hellbraun backen. Heiß vom Backpapier lösen und auf einem Kuchengitter abkühlen lassen. Aus gesiebtem Puderzucker und Zitronensaft einen spritzfähigen Guss anrühren. Aus Pergamentpapier eine Spitztüte drehen, den Guss einfüllen und ein kleines Loch in die Tütenspitze schneiden. Die Plätzchen diagonal mit feinen Glasurstreifen überziehen und diese auf einem Kuchengitter fest werden lassen. Die Butterplätzchen zu Tannenbäumchen (siehe Foto) zusammensetzen, dabei mit den großen Plätzchen beginnen, ein mittleres und ein kleines auflegen und dann die übrigen mit abnehmender Größe daraufsetzen.

♥ Sie können aus diesem Teig selbstverständlich wie gewohnt einzelne Butterplätzchen in beliebigen weihnachtlichen Formen ausstechen, wie oben beschrieben abbacken und ganz nach Geschmack mit temperierter Kuvertüre (siehe S. 6–7) bzw. geschmolzener Kuchenglasur verzieren.

In einer Glas-Etagere mit Haube lässt sich ein Butterplätzchen-Tannenbaum besonders hübsch präsentieren.

Merry
Merry

Spitzbuben (Linzer)

380 g Mehl, 1 Prise Salz, 120 g Puderzucker, 250 g kalte Butter, 2 Eigelb, 250 g rote oder gelbe Konfitüre nach Belieben, 1 EL Rum oder Wasser, Puderzucker zum Bestäuben

Auf einer Arbeitsfläche Mehl, Salz und Puderzucker mischen. Die Butter in kleine Stücke schneiden und mit der Mehlmischung krümelig reiben. Eigelbe zufügen und alles zu einem glatten Teig verkneten. Zur Kugel formen, in Klarsichtfolie wickeln und 30 Minuten kühl stellen.
Den Backofen auf 180 °C (Umluft 160 °C, Gas Stufe 3) vorheizen. Den Teig ca. 3 Millimeter dick ausrollen und mit Spitzbuben-, Blumen- oder Stern-Ausstechförmchen zu einer geraden Anzahl von Plätzchen ausstechen. Die Hälfte davon mit einem Loch von beliebiger Kontur und 1 Zentimeter Durchmesser versehen. Auf mit Backpapier ausgelegte Bleche legen. Im vorgeheizten Backofen (mittlere Schiene) in ca. 10 Minuten hellbraun backen. Parallel dazu die Marmelade mit Rum oder Wasser erhitzen. Die Plätzchen heiß vom Backpapier lösen. Auf diejenigen ohne Loch jeweils 1/2 Teelöffel Konfitüre geben und passend ein Plätzchen mit Loch aufsetzen. Sofort mit gesiebtem Puderzucker bestäuben.

♥ Mit speziellen Spitzbuben-Ausstechern, die gleichzeitig die äußere Kontur und das innere Loch bzw. die inneren Löcher markieren, geht die Arbeit besonders fix von der Hand.

Schwarz-Weiß-Gebäck

290 g Mehl, 1 TL Backpulver, 125 g Puderzucker, 1 Prise Salz, 150 g kalte Butter, 1 Eigelb, 3 TL Kakaopulver, Mehl zum Bearbeiten, Milch zum Bepinseln

Auf einer Arbeitsfläche Mehl, Backpulver, Puderzucker und Salz mischen. Die Butter in kleinen Stücken daraufsetzen und mit der Mehlmischung krümelig reiben. Das Eigelb zugeben und alles zu einem glatten Teig verarbeiten. In gleich große Hälften teilen und eine davon mit dem Kakao verkneten. Beide Teighälften zur Kugel formen, in Klarsichtfolie wickeln und 2 Stunden kalt stellen.
Die beiden Teigportionen auf einer bemehlten Arbeitsfläche (ggf. mit Kanthölzern passender Höhe) zu exakt 1 Zentimeter dicken Quadraten ausrollen und in 1 Zentimeter breite Streifen schneiden. Jeweils 1 hellen, 1 dunklen und nochmals 1 hellen Streifen nebeneinanderlegen, die benachbarten Kanten mit etwas Milch einpinseln und aneinanderfügen. Nun 1 hellen auf 1 dunklen und 1 dunklen auf 1 hellen Streifen legen und dabei alle Kanten mit Milch einpinseln. Diesen Vorgang nochmals wiederholen. Die quadratischen Teigstangen in Klarsichtfolie wickeln und für 10 Minuten in das Tiefkühlgerät legen, damit sie sich anschließend besser schneiden lassen.
Den Backofen auf 180 °C (Umluft 160 °C, Gas Stufe 3) vorheizen. Ein Backblech mit Backpapier auslegen. Die Teigstangen mit einem scharfen Messer in 3 Millimeter dicke Scheiben schneiden und nebeneinander auf das Blech legen. Im vorgeheizten Backofen (mittlere Schiene) in 12 Minuten hell backen. Herausnehmen und auf einem Kuchengitter abkühlen lassen.

♥ Wenn es einmal schneller gehen soll, können Sie auch jeweils den hellen und den dunklen Teig 3 Millimeter dick ausrollen, 2 gleich große Rechtecke daraus schneiden, einseitig mit Milch bepinseln, übereinanderlegen und aufrollen. Die Rolle mit Spiralmuster wird dann ebenfalls in 3 Millimeter dicke Scheiben geschnitten und wie oben beschrieben weiterverarbeitet.

Wenn Sie das Gebäck verschenken möchten, können Sie eine quadratische oder rechteckige Schachtel mit Geschenkpapier bekleben (Anleitung siehe S. 76), mit passend zurechtgeschnittenem Seidenpapier auslegen und es darin präsentieren.

Vanillekipferl

Für den Teig: 280 g Weizenmehl, je 50 g gemahlene Mandeln und Haselnusskerne, 70 g Zucker, 1 Prise Salz, 210 g kalte Butter
Außerdem: Mehl zum Bearbeiten, 100 g Puderzucker und 100 g Zucker zum Wälzen, 1 Vanilleschote

Für den Teig Mehl, Mandeln, Nüsse, Zucker und Salz auf eine Arbeitsfläche geben. Die Butter in kleinen Stücken daraufsetzen, mit den übrigen Zutaten krümelig reiben und zu einem glatten Teig verarbeiten. Zu einer ca. 5 Zentimeter dicken Rolle formen, in Klarsichtfolie wickeln und für 2 Stunden in den Kühlschrank legen.
Den Backofen auf 180 °C (Umluft 160 °C, Gas Stufe 3) vorheizen. Die Teigrolle in fingerdicke Scheiben schneiden, mit bemehlten Händen zu sich verjüngenden Kipferln formen und auf das mit Backpapier ausgelegte Backblech legen. In den vorgeheizten Backofen (mittlere Schiene) schieben und in 12 Minuten hell backen.
Inzwischen den Puderzucker mit dem Zucker zum Wälzen mischen. Die Vanilleschote aufschlitzen, das Mark herauskratzen und mit der Zuckermischung vermengen. Die Vanillekipferl aus dem Ofen nehmen und noch heiß mithilfe von zwei Gabeln vorsichtig in dem Vanillezucker wälzen.

♥ Vorsicht: Noch warm sind die Vanillekipferl sehr zerbrechlich.

♥ Wenn Sie Vanillezucker auf Vorrat selbst machen wollen, legen Sie eine ausgekratzte Vanilleschote in ein Einmachglas (von 500 Millilitern Inhalt, mit Bügelverschluss) mit Kristallzucker und lassen die Mischung etwa 2 Wochen ziehen.

Spritzgebäck

300 g Dinkel- oder Weizenmehl, 240 g zimmerwarme Butter, 140 g Puderzucker, 1 Prise Salz, 100 g geschälte, gemahlene Mandeln, 1 Eigelb, 1 aufgeschlitzte Vanilleschote, 1 Msp. Salz, 150 g dunkle Kuvertüre oder dunkle Kuchenglasur bester Qualität

Das Mehl auf eine Arbeitsfläche sieben, Butter, Puderzucker, Salz, Mandeln, Eigelb, aus der Schote gekratztes Vanillemark und Salz dazugeben und alles zu einem geschmeidigen Teig verkneten. Zur Kugel formen, in Klarsichtfolie wickeln und mindestens 1 Stunde kalt stellen.
Den Backofen auf 180 °C (Umluft 160 °C, Gas Stufe 3) vorheizen. Den Teig in einen Spritzbeutel mit Sterntülle oder in einen Fleischwolf mit entsprechendem Aufsatz füllen und als 5 Zentimeter lange Streifen auf mit Backpapier ausgelegte Backbleche spritzen. In den vorgeheizten Backofen (mittlere Schiene) schieben und in etwa 10 Minuten hell backen. Herausnehmen, etwas abkühlen lassen und auf ein Kuchengitter legen. Die Kuvertüre temperieren (siehe S. 6–7) oder die Kuchenglasur nach Packungsanweisung schmelzen und jeweils die Enden des Spritzgebäcks hineintauchen. Auf ein Kuchengitter legen und trocknen lassen.

Sie können auch Teigkringel auf das Blech spritzen, die Enden zusammendrücken und wie oben beschrieben weiterverarbeiten. Nach dem Auskühlen mit einem weihnachtlichen Schleifenband versehen, eignen sie sich wunderbar als Christbaumschmuck.

Schokostreifen

Für den Teig: 200 g zimmerwarme Butter, 100 g Puderzucker, 1 Prise Salz, 2 Eigelb, 80 g geriebene Haselnüsse, 100 g dunkle Kuvertüre, abgeriebene Schale von 2 unbehandelten Orangen, 300 g Dinkel- oder Weizenmehl
Außerdem: 150 g dunkle Kuvertüre oder dunkle Kuchenglasur bester Qualität nach Belieben

Für den Teig die Butter in eine Schüssel geben und mit dem Handrührer 10 Minuten schaumig schlagen, danach sollte ihr Volumen deutlich zugenommen haben. Nach und nach unter Rühren Puderzucker, Salz, Eigelbe, Nüsse, Kuvertüre, Orangenschale und Mehl zugeben.
Den Backofen auf 180 °C (Umluft 160 °C, Gas Stufe 3) vorheizen. Den Teig in einen Spritzbeutel mit Sterntülle oder in einen Fleischwolf mit entsprechendem Aufsatz füllen und als etwa 10 Zentimeter lange breite Streifen auf mit Backpapier ausgelegte Backbleche spritzen. In den vorgeheizten Backofen (mittlere Schiene) schieben und etwa 8 Minuten backen. Herausnehmen, etwas abkühlen lassen und auf ein Kuchengitter legen. Die Kuvertüre temperieren (siehe S. 6–7) oder die Kuchenglasur nach Packungsanweisung schmelzen und die Streifen jeweils zur Hälfte hineintauchen. Auf ein Kuchengitter legen und trocknen lassen.

Sollten Sie eine zylindrische Pappverpackung (etwa von Meersalz) im Vorrat haben, können Sie diese mit einem Geschenkpapier nach Wahl beklebt als Geschenkverpackung für die Schokostreifen verwenden.

Friesenringe

150 g Butter, 100 g Zucker, je 1 Msp. frisch geriebene Muskatnuss und Salz, etwas abgeriebene unbehandelte Orangenschale, 1 Eigelb, 250 g Mehl, Mehl zum Bearbeiten, 50 g brauner Kandiszucker, 1 Eiweiß zum Bepinseln

In einer Schüssel Butter und Zucker mit Muskat, Salz, Orangenschale und Eigelb verrühren. Das Mehl darübersieben und unterkneten. Den Teig zur Kugel formen, in Klarsichtfolie wickeln und 2 Stunden in den Kühlschrank stellen.
Den Backofen auf 200 °C (Umluft 180 °C, Gas Stufe 4) vorheizen. Den Kandiszucker grob hacken und durch ein feines Sieb geben, um die feinen Partikel herauszusieben. Den Teig auf einer bemehlen Arbeitsfläche ca. 3 Millimeter dick ausrollen, mit einem Rosettenausstecher Rosetten ausstechen und mit einem kleinen Ausstecher jeweils mittig ein Loch herausstechen. Die Ringe mit dem verquirlten Eiweiß bepinseln, mit dem groben Kandiszucker bestreuen und leicht andrücken. Mit Abstand auf ein mit Backpapier ausgelegtes Backblech legen. In den vorgeheizten Ofen (mittlere Schiene) schieben und die Ringe in 12–15 Minuten hellbraun backen. Herausnehmen und 5 Minuten abkühlen lassen. Mit einer Palette vom Backpapier heben, auf ein Kuchengitter legen und abkühlen lassen.

Nach dem Auskühlen können Sie die Friesenkringel mit weihnachtlichem Schleifenband als Geschenk zu Päckchen zusammenbinden oder mit Schleifenband versehen als essbare Geschenkanhänger verwenden.

Heidesand

250 g Butter, 1/2 Vanilleschote, 200 g Zucker, 1/2 TL Salz, 350 g Dinkel- oder Weizenmehl

Die Butter in einem kleinen Topf bei geringer Hitze unter Rühren langsam erhitzen und leicht bräunen. In eine Rührschüssel gießen und wieder fest werden lassen. Die Vanilleschote aufschlitzen, das Mark herauskratzen und zur gebräunten Butter geben. Zucker und Salz ebenfalls zugeben und die Mischung mit den Quirlen des Handrührers cremig aufschlagen. Das Mehl vorsichtig unterheben.
Auf eine Arbeitsfläche 2 Stücke Backpapier legen. Den Teig halbieren und jede Hälfte mittig auf ein Papierstück legen. Mithilfe des Papiers gleichmäßige Rollen von ca. 4,5 Zentimetern Durchmesser formen und gut festdrücken. Eingewickelt für 1 Stunde in den Kühlschrank legen.
Den Backofen auf 180 °C (Umluft 160 °C, Gas Stufe 3) vorheizen. Ein Backblech mit Backpapier auslegen. Die Teigrollen aus dem Papier wickeln, mit einem scharfen Messer in ca. 4 Millimeter dicke Scheiben schneiden und auf das Blech legen. In den vorgeheizten Backofen (mittlere Schiene) schieben und in 12 Minuten hellbraun backen. Die Plätzchen samt Papier auf eine Arbeitsfläche ziehen und erkalten lassen.

♥ Vorsicht: Noch warm sind die Plätzchen sehr zerbrechlich. Wenn Sie Dinkelmehl verwenden, werden sie sogar noch mürber.

Bärentatzen (Madeleines)

Für 1 Bärentatzen- bzw. Madeleine-Blech
125 g Butter, 125 g Mehl, 125 g Zucker, 3 Eier, 1 Prise Salz, 60 g geschälte, gemahlene Mandeln, 1 EL Orangenblütenwasser (Drogerie oder Apotheke), 1/2 TL Vanilleextrakt, Butter für das Blech, Puderzucker zum Bestäuben

Die Butter zerlassen, ohne sie zu bräunen, und wieder abkühlen lassen. Das Mehl auf eine Arbeitsfläche sieben und den Zucker dazugeben. Eine Mulde in die Mischung drücken. Die Eier hineingeben und mit dem Teigspatel (nicht mit den Händen!) einarbeiten, dabei nach und nach abgekühlte Butter, Salz, gemahlene Mandeln, Orangenblütenwasser und Vanilleextrakt dazugeben. Den Teig rasch mit den Händen zur Kugel formen, in Klarsichtfolie wickeln und 1 Stunde kalt stellen.
Den Backofen auf 250 °C (Umluft 230 °C, Gas Stufe 7–8) vorheizen. Ein Bärentatzen- bzw. Madeleine-Blech einfetten. Den Teig portionsweise in die Mulden des Blechs drücken. In den vorgeheizten Ofen (mittlere Schiene) schieben und in ca. 15 Minuten hellbraun backen. Herausnehmen, die Plätzchen aus den Mulden lösen und auf einem Kuchengitter auskühlen lassen. Vor dem Servieren mit Puderzucker bestäuben.

Zuckerbrezelchen

250 g Mehl, 150 g kalte Butter, 100 g Zucker, 1 Prise Salz, 1 Eigelb, 1 EL Sahne, 1 EL Zitronensaft, 50 g Puderzucker, 1 EL Rum, 50 g Hagelzucker

Mehl mit Butter, Zucker, Salz, Eigelb, Sahne und Zitronensaft rasch zu einem glatten Teig kneten. Zur Kugel formen, in Klarsichtfolie wickeln und 1 Stunde kalt stellen.
Den Backofen auf 200 °C (Umluft 180 °C, Gas Stufe 4) vorheizen. Aus dem Teig bleistiftdicke Rollen formen, in etwa 30 Zentimeter lange Stücke schneiden und zu Brezeln (siehe Foto) schlingen. Auf ein mit Backpapier ausgelegtes Blech legen und im vorgeheizten Backofen (mittlere Schiene) in etwa 15 Minuten hellbraun backen.
Den gesiebten Puderzucker mit Rum und 1 Esslöffel Wasser zu einem dünnflüssigen Guss verrühren und die lauwarmen Brezeln damit bepinseln. Rundherum in Hagelzucker wälzen und trocknen lassen.

Nach dem Auskühlen können Sie die Brezelchen mit einem weihnachtlichen Schleifenband versehen und als Schmuck für den Adventskranz oder Christbaum verwenden.

Husarenbusserl (Engelsaugen)

180 g Mehl, 25 g feine Semmelbrösel, 50 g Zucker, 1 TL Vanillezucker, abgeriebene Schale von 1/2 unbehandelten Zitrone, 1 Ei, 70 g weiche Butter, 60 g Butterschmalz, Mehl zum Bearbeiten, etwa 150 g Johannisbeer- oder Himbeergelee

Mehl, Semmelbrösel, Zucker, Vanillezucker, Zitronenschale, Ei, Butter und Schmalz rasch zu einem glatten Teig kneten. Zur Kugel formen, in Klarsichtfolie wickeln und 1 Stunde kühl stellen.
Den Backofen auf 180 °C (Umluft 160 °C, Gas Stufe 3) vorheizen. Aus dem Teig knapp walnussgroße Kugeln formen und auf mit Backpapier ausgelegte Backbleche setzen. Einen Kochlöffelstiel in Mehl tauchen und in jede Kugel eine Vertiefung drücken. Die Mulde mit Gelee füllen. Die Husarenbusserl in den vorgeheizten Backofen (mittlere Schiene) schieben und in etwa 15 Minuten hellbraun backen. Herausnehmen und auf einem Kuchengitter abkühlen lassen.

Mini-Florentiner

60 g zimmerwarme Butter, 40 g Dinkel- oder Weizenmehl, 100 g Rohrohrzucker, 1 Prise Salz, 60 ml Sahne, 100 g Mandelblättchen, 200 g dunkle Kuvertüre oder dunkle Kuchenglasur bester Qualität

In einer Schüssel die Butter mit Mehl, Zucker, Salz und Sahne verrühren. Die Mandelblättchen vorsichtig untermischen. Den Backofen auf 180 °C (Umluft 160 °C, Gas Stufe 3) vorheizen. Mehrere Backbleche mit Backpapier auslegen. Jeweils 1 Teelöffel des Teigs mit großem Abstand auf das Blech setzen, da er beim Backen stark zerläuft. In den vorgeheizten Ofen (mittlere Schiene) schieben und 10–15 Minuten backen, bis die Florentiner die Farbe von Bernstein angenommen haben. Herausnehmen, samt Backpapier vom Blech ziehen und auskühlen lassen.
Die Kuvertüre temperieren (siehe S. 6–7) oder die Kuchenglasur nach Packungsanweisung schmelzen. Mithilfe von 2 Gabeln die Florentiner so in die Schokolade bzw. Glasur tauchen, dass die Unterseite davon überzogen wird. Mit der Schokoladenseite nach oben auf ein Kuchengitter setzen und fest werden lassen.

♥ Es empfiehlt sich, Probe-Florentiner zu backen. Sollten sie zu wenig zerlaufen, noch etwas Butter hinzufügen, sollte die Mischung dagegen zu weich sein, noch etwas Mehl einarbeiten. – Sie können die Florentiner übrigens zusätzlich mit kandierten Kirschen, Zitronat und Orangeat oder Sesam zubereiten.

Bonbon-Verpackung: Dafür benötigen Sie die Pappe einer Küchenrolle, Geschenkpapier, Geschenkfolie und Schleifenband. Ein passendes Segment von der Küchenrollenpappe (siehe Foto) abschneiden und von beiden Seiten mit einem Geschenkpapier nach Wahl bekleben. Ein passendes Stück Geschenkfolie zuschneiden und auf die Arbeitsfläche legen. Die beklebte Pappe mittig darauflegen und einen passenden Stapel Florentiner hineinlegen. Die Rolle vorsichtig mit der Geschenkfolie umhüllen und links und rechts mit dem Schleifenband zu einem Bonbon verschließen. Nach Wunsch kann man aus einem passenden Geschenkpapier noch einen Anhänger ausschneiden und mit einem dünnen Geschenkband an dem Bonbon befestigen.

Mini-Nussecken

Für 1 Blech
Für den Teig: 150 g Mehl, 60 g Zucker, 1 Päckchen Vanillezucker, 1 Ei, 60 g Butter
Für den Belag: 100 g Butter, 100 g Zucker, 1 Päckchen Vanillezucker, 100 g gemahlene Haselnusskerne, 100 g gehackte Haselnusskerne, 200 g Aprikosenkonfitüre
Außerdem: Mehl zum Bearbeiten, Fett für das Blech, 200 g dunkle Kuvertüre oder dunkle Kuchenglasur bester Qualität

Für den Teig Mehl, Zucker und Vanillezucker in einer Schüssel mischen. Ei und Butter zufügen und alles zu einem glatten Teig verkneten. Zur Kugel formen, in Klarsichtfolie wickeln und 30 Minuten kalt stellen.
Inzwischen für den Belag Butter, Zucker, Vanillezucker und 1 Esslöffel Wasser in einen Topf geben und unter Rühren aufkochen lassen. Die Nüsse unterrühren, die Masse vom Herd nehmen und etwas abkühlen lassen.
Den Backofen auf 180 °C (Umluft 160 °C, Gas Stufe 3) vorheizen. Den Teig auf einer bemehlten Arbeitsfläche ausrollen und ein gefettetes Backblech damit auslegen. Die Oberfläche mit glatt gerührter Aprikosenkonfitüre bestreichen. Darauf die Nussmischung verteilen und glatt streichen. In den vorgeheizten Backofen (mittlere Schiene) schieben und in 30 Minuten goldbraun backen. Das Blech herausnehmen und die Platte noch warm erst in Quadrate, dann in Dreiecke von ca. 8 Zentimetern Kantenlänge schneiden. Die Kuvertüre temperieren (siehe S. 6–7) oder die Kuchenglasur nach Packungsanweisung schmelzen, die Spitzen der Nussecken hineintauchen und das Gebäck auf Pergamentpapier fest werden lassen. Nach dem vollständigen Erstarren der Schokolade die Nussecken in einer Blechdose aufbewahren.

Haselnusstaler

80 g weiche Butter, 200 g flüssiger Honig, 1 Ei, 4 EL starker Tee, 1/2 TL Kakaopulver, 1 TL gemahlener Zimt, 1/2 TL Vanillezucker, 1 Prise Salz, 80 g fein gehackte Haselnusskerne, 200 g Vollkornweizenmehl, 1 TL Backpulver, Mehl zum Bearbeiten, 60 g grob gehackte Haselnusskerne, 1 Eiweiß

In einer Rührschüssel die Butter mit den Quirlen des Handrührers schaumig rühren, dabei nach und nach den Honig zugeben. Das Ei ebenfalls zugeben und etwa 1 Minute unterrühren. Dann Tee, Kakao, Zimt, Vanillezucker, Salz und fein gehackte Nüsse untermengen. Mehl und Backpulver sieben und unterheben. Die Zutaten auf einer bemehlten Arbeitsfläche zu einem glatten Teig verkneten und zu Rollen von 3–4 Zentimetern Durchmesser formen. In Klarsichtfolie wickeln und einige Stunden, am besten aber über Nacht, kalt stellen.
Den Backofen auf 180 °C (Umluft 160 °C, Gas Stufe 3) vorheizen. Ein Backblech mit Backpapier auslegen. Die grob gehackten Haselnüsse auf einem Teller bereitstellen. Das Eiweiß verquirlen, die Teigrollen rundherum damit einpinseln und in den gehackten Nüssen wenden, bis sie gleichmäßig damit bedeckt sind. Die Teigrollen mit einem scharfen Messer in ca. 3 Millimeter dicke Scheiben schneiden und nebeneinander auf das Backblech legen. In den vorgeheizten Backofen (mittlere Schiene) schieben und in ca. 15 Minuten hellbraun backen. Herausnehmen, die Taler samt Backpapier vom Backblech ziehen und erkalten lassen.

Wenn Sie die Taler verschenken möchten, kommen sie in einem Bonbonglas oder Einmachglas mit Bügelverschluss in passender Größe besonders gut zur Geltung.

Gefüllte Mandelkekse

275 g weiche Butter, 150 g Puderzucker, 3 Eier, 1 Prise Salz, abgeriebene Schale von 1 unbehandelten Zitrone, Mark von 1 Vanilleschote, 1/4 l Sahne, 300 g Mehl, 150 g gemahlene Mandeln, 50 g gehackte Mandeln, 50 g Mandelnougat (ersatzweise herkömmliches Nougat)

Den Backofen auf 200 °C (Umluft 180 °C, Gas Stufe 4) vorheizen. 200 Gramm Butter mit Puderzucker und Eiern schaumig schlagen. Salz, Zitronenschale und das ausgekratzte Mark der Vanilleschote zufügen. Die Sahne nach und nach einarbeiten. Das Mehl mit den gemahlenen Mandeln mischen und zügig unter die Masse heben.
Den Teig in einen Spritzbeutel mit Lochtülle füllen und runde Plätzchen auf ein mit Backpapier ausgelegtes Backblech spritzen. Mit gehackten Mandeln bestreuen. In den vorgeheizten Backofen (mittlere Schiene) schieben und in etwa 10 Minuten hellbraun backen. Herausnehmen und abkühlen lassen.
In einer Schüssel das Mandelnougat mit der restlichen Butter cremig rühren, auf ein heißes Wasserbad setzen und schmelzen lassen. Jeweils 2 Plätzchen mit dem Nougat zusammensetzen. Auf ein Kuchengitter setzen und fest werden lassen.

♥ Lassen Sie die Mandelkekse über Nacht bei Zimmertemperatur stehen, bevor Sie sie in eine Blechdose füllen, damit die Nougatfüllung komplett fest werden kann.

Anisplätzchen

Butter und Mehl für das Blech, 150 g Puderzucker, 2 große Eier, 1 Prise Salz, 1 Päckchen Vanillezucker, 150 g Mehl, 1 TL gemahlener Sternanis

Ggf. am Vortag 2 Backbleche einfetten und mit Mehl bestäuben. Den Puderzucker in eine Rührschüssel sieben. Eier, Salz und Vanillezucker zugeben. Die Schüssel auf ein heißes Wasserbad stellen und die Zutaten mit den Quirlen des Handrührers schaumig schlagen, bis die Creme eine Temperatur von 40 °C erreicht hat. Vom Wasserbad nehmen und wieder kalt rühren. Das Mehl darübersieben und zusammen mit dem Sternanis vorsichtig unterheben. Die Masse in einen Spritzbeutel mit Lochtülle füllen und etwa 1-Euro-große Tupfen mit Abstand auf die Backbleche setzen. Bei Zimmertemperatur 12 Stunden trocknen lassen.
Anschließend Backofen auf 140 °C (Umluft 120 °C, Gas Stufe 1) vorheizen. Die Bleche nacheinander in den vorgeheizten Ofen (mittlere Schiene) schieben und die Plätzchen 20–30 Minuten backen, danach sollten sie an der Unterseite leicht zu bräunen beginnen, an der Oberseite aber noch sehr hell sein. Herausnehmen und auf einem Kuchengitter auskühlen lassen. In einer gut schließenden Blechdose aufbewahren.

♥ Sie sollten die Anisplätzchen 2–3 Wochen vor dem Verzehr zubereiten, damit sie schön weich werden.

Sechseckige Faltschale: Verwenden Sie hierfür die *Vorlage Sechseckbox* auf dem Schnittmusterbogen, ein beliebiges Geschenkpapier guter Qualität, einen Papierkleber, eine Schere, einen Locher und schmales Schleifenband. Die Vorlage auf ein starkes weißes Papier kopieren, dabei ggf. auf die gewünschte Größe skalieren. Ein Stück Geschenkpapier in passender Größe zuschneiden und auf die Vorderseite des starken Papiers kleben. Den sechseckigen Grundriss ausschneiden. An den angezeichneten Punkten mit dem Locher Löcher anbringen. Von dem Schleifenband 6 ca. 16 Zentimeter lange Stücke abschneiden. Jeweils durch 2 benachbarte Löcher ein Stück Geschenkband fädeln, so zusammenziehen, dass sich eine Seite schließt, und eine Schleife binden. Mit den übrigen 5 Seiten ebenso verfahren.

Dreierlei Makronen

Grundrezept: 2 Eiweiß, 1 Prise Salz, 75 g Rohrohrzucker, 75 g Zucker
Für die Kokosmakronen: 170 g Kokosraspel
Für die Espressomakronen: 150 g geschälte, gemahlene Mandeln, 1 EL Espresso- oder Kaffeepulver (nicht löslich!), 20 g Mandelblättchen
Für die Pistazienmakronen: 150 g gemahlene Pistazien, 20 g grob gehackte Pistazien

Den Backofen auf 150 °C (Umluft 130 °C, Gas Stufe 1) vorheizen. Die Eiweiße mit dem Salz leicht schlagen. Rohrohrzucker zugeben und die Mischung zu steifem Schnee schlagen, währenddessen den herkömmlichen Zucker einrieseln lassen. 2 Minuten weiterschlagen. Je nach gewählter Makronenart 150 Gramm Kokosraspeln, gemahlene Mandeln und Kaffeepulver oder gemahlene Pistazien vorsichtig unterheben. 2 Backbleche mit Backpapier auslegen, die Masse mithilfe von 2 Teelöffeln als Häufchen auf das Papier setzen und je nach Makronenart mit restlichen Kokosraspeln, Mandelblättchen oder grob gehackten Pistazien bestreuen. Die Makronen in den vorgeheizten Backofen (mittlere Schiene) schieben und in 12–15 Minuten hell backen.

Schachtel mit Vierereinteilung: Eine rechteckige oder quadratische Schachtel nach Belieben bekleben (siehe Anleitung S. 76). Für die Einteilung 2 Stücke Pappe, die zur Schachtel passen, auf Höhe und Breite der Schachtelinnenseite zuschneiden. Exakt in der Mitte eine senkrechte Linie anzeichnen und dessen Mitte markieren. Jeweils von einer Seite entlang der Linie bis zur halben Höhe einen Schlitz in die beiden Pappstücke schneiden, sie kreuzartig zusammenstecken und in die Schachtel setzen. Zusätzlich können Sie die Einteilungen noch mit passend zurechtgeschnittenem Seidenpapier auslegen.

Zimtsterne

5 Eiweiß, 450 g Puderzucker, 500 g gemahlene Mandeln, 2 TL gemahlener Zimt, 1 EL Kirschwasser, Zucker für die Arbeitsfläche

Am Vortag die Eiweiße zu steifem Schnee schlagen. Den Puderzucker darübersieben und vorsichtig unterheben. 1 Tasse der Eiweißmischung für die Glasur beiseitestellen. Mandeln, Zimt und Kirschwasser rasch unter die übrige Eiweißmischung kneten. Den Teig zur Kugel formen, in Klarsichtfolie wickeln und 1 Stunde kalt stellen.
Eine Arbeitsfläche mit Zucker bestreuen und den Teig darauf ca. 1 Zentimeter dick ausrollen. Mit Ausstechförmchen Sterne ausstechen, mit der beiseitegestellten Eiweißmischung bestreichen und auf ein Backblech legen. Bei Zimmertemperatur über Nacht trocknen lassen.
Am nächsten Tag den Backofen auf 160 °C (Umluft 140 °C, Gas Stufe 2) vorheizen.
Die Zimtsterne in den vorgeheizten Backofen (mittlere Schiene) schieben und 7–8 Minuten backen, danach sollten sie an der Oberfläche sehr hell und innen noch schön weich sein.

Bethmännchen

50 geschälte Mandeln, 250 g Marzipanrohmasse, 2 kleine Eiweiß, 1 TL Zitronensaft, 1 gestrichener EL Mehl, 75 g Puderzucker, 1 TL Rosenwasser (Apotheke oder türkischer Feinkostladen)

Den Backofen auf 140 °C (Umluft 120 °C, Gas Stufe 1) vorheizen. Die Mandeln halbieren. Marzipan, 1 Eiweiß, Zitronensaft, Mehl und Puderzucker mit den Händen verkneten. Aus der Masse 30 kirschgroße Kugeln formen. Jeweils 3 halbe Mandeln im gleichen Abstand aufrecht an jede Kugel setzen und andrücken. Die Kugeln auf ein mit Backpapier belegtes Blech setzen. Das zweite Eiweiß mit dem Rosenwasser verrühren und die Bethmännchen damit bestreichen. Im vorgeheizten Backofen (mittlere Schiene) in etwa 40 Minuten goldbraun backen.

Beklebte runde Schachtel: In einer eigens dafür gestalteten Schachtel verpackt, sind die Bethmännchen ein besonders schönes Geschenk. Dazu benötigen Sie einen „Rohling“ (entweder eine Schachtel aus Ihrem Vorrat oder dem Bastelgeschäft), ein hochwertiges Geschenkpapier nach Wahl (das stabil ist und nicht leicht bricht) und beidseitig selbstklebende Folie (ebenfalls aus dem Bastelgeschäft). Den Boden und den seitlichen Rand der Schachtel auf dem Abziehpapier der Folie anzeichnen und ausschneiden, dabei am oberen Rand 1 Zentimeter zugeben. Die gefärbte Schutzfolie entfernen und ein passend zurechtgeschnittenes Stück Geschenkpapier mit der Rückseite auf die selbstklebende Folie kleben. Entlang den Linien ausschneiden (dabei die Zugaben berücksichtigen). Das Abziehpapier auf der anderen Seite der selbstklebenden Folie entfernen und das aufkaschierte Geschenkpapier nacheinander passgenau und möglichst ohne Falten auf Boden und Außenwand der Schachtel festkleben. Die Zugabe am oberen Schachtelrand im Abstand von ca. 5 Millimetern bis zum Rand einschneiden, einschlagen und andrücken. Mit dem Deckel der Schachtel ebenso verfahren. Wenn Sie möchten, können Sie die Innenseite der Schachtel nach dem gleichen Prinzip bekleben.

Mandelhörnchen

200 g Marzipanrohmasse, 1 Ei, 100 g Puderzucker, 1 TL Lebkuchengewürz, 2 TL Mandelsirup, 1 EL Orangensaft, 60 g Mandelblättchen, 150 g dunkle Kuvertüre oder dunkle Kuchenglasur bester Qualität

Den Backofen auf 170 °C (Umluft 150 °C, Gas Stufe 2–3) vorheizen. 2 Backbleche mit Backpapier auslegen. Marzipan grob raspeln. Das Ei trennen. In einer Schüssel Marzipan, Puderzucker, Lebkuchengewürz, Mandelsirup und Eiweiß mit den Quirlen des Handrührers zu einer glatten, spritzfähigen Masse verrühren. In einen Spritzbeutel mit mittlerer Lochtülle füllen und mit genügend Abstand zu ca. 4 Zentimeter langen Hörnchen auf die Bleche spritzen. Eigelb und Orangensaft verquirlen. Die Hörnchen dünn damit bestreichen und mit den Mandelblättchen bestreuen. Im vorgeheizten Backofen (zweite Schiene von unten) in 15 Minuten hell backen. Herausnehmen und abkühlen lassen. Die Kuvertüre temperieren (siehe S. 6–7) bzw. die Kuchenglasur nach Packungsanweisung schmelzen und die Enden der Hörnchen hineintauchen. Abtropfen und auf einem Kuchengitter fest werden lassen.

Bodentüte: Verwenden Sie hierfür die *Vorlage Transparenttüte* auf dem Schnittmusterbogen. Sie benötigen festes Transparentpapier Ihrer Wahl, ein Lineal, einen gut klebenden Papierkleber, einen Cutter, Büroklammern und einen Sticker bzw. eine dekorative Klammer. Ein passend zugeschnittenes Stück Transparentpapier auf die Vorlage legen, mit Büroklammern fixieren, alle gestrichelten Linien auf der Rückseite leicht anzeichnen und ausschneiden. Die senkrechten Linien links und rechts von der Mitte zu einem Dreieck falten. Die Klebefalz links falzen und wieder entfalzen. Die beiden waagerechten und die diagonalen Linien am unteren Ende ebenfalls falzen und wieder entfalzen. Die seitliche Klebefalz mit Papierkleber bestreichen, die Seiten der Tüte überlappend schließen und trocknen lassen. Entlang den vorgefalzten Linien den Boden der Tüte wie die Seiten eines Pakets schließen (siehe Skizzen auf dem Bogen), überlappend zusammenkleben und trocknen lassen. Den oberen Tütenrand nach dem Füllen doppelt falzen und mit einem Sticker oder einer Klammer schließen. – Selbstverständlich können Sie die Größe der Tüte beliebig nach oben oder unten skalieren.

Nougat-Terrassen

Für den Teig: 200 g Mehl, 80 g gemahlene Haselnusskerne, 250 g zimmerwarme Butter, 75 g Puderzucker, 1 Päckchen Vanillezucker, abgeriebene Schale von 1 unbehandelten Orange, 1 Eigelb
Für Füllung und Glasur: 100 g gehackte Haselnusskerne, 125 g zimmerwarmer Nougat, 150 g dunkle Kuvertüre, 100 g Nuss-Kuchenglasur bester Qualität
Außerdem: Mehl für die Arbeitsfläche

Für den Teig Mehl, gemahlene Nüsse, 175 Gramm Butter in Stückchen, Puder- und Vanillezucker sowie Orangenschale und Eigelb zu einem glatten Teig verkneten. Zur Kugel formen, in Klarsichtfolie wickeln und 2 Stunden kalt stellen.
Den Backofen auf 180 °C (Umluft 160 °C, Gas Stufe 3) vorheizen. Ein Backblech mit Backpapier auslegen. Den Teig in mehreren Portionen auf einer bemehlten Arbeitsfläche dünn ausrollen. Zu Rechtecken oder Kreisen mit gewelltem Rand jeweils in 3 verschiedenen Größen und in gleicher Zahl ausstechen. Auf das Backblech legen und im vorgeheizten Backofen (zweite Schiene von unten) 6–8 Minuten backen. Herausnehmen und abkühlen lassen.
Für Füllung und Glasur die gehackten Haselnüsse in einer Pfanne ohne Zugabe von Fett anrösten und abkühlen lassen. Nougat und restliche Butter cremig rühren. Die Hälfte der abgekühlten Nüsse unterrühren. Die Nougatmischung nicht zu dünn auf die Plätzchen der größten und der mittleren Größe streichen, mit den Plätzchen der kleinsten Größe zu Terrassen zusammenfügen und auf Backpapier setzen. Kuvertüre und Glasur hacken und zusammen über einem warmen Wasserbad schmelzen. Aus Pergamentpapier eine Spitztüte drehen, den Guss einfüllen und in die Tütenspitze ein kleines Loch schneiden. Die Terrassen diagonal mit feinen Glasurstreifen überziehen, mit den restlichen grob gehackten Nüssen bestreuen und die Füllung trocknen lassen.

♥ Lassen Sie die Nougat-Terrassen über Nacht bei Zimmertemperatur stehen, bevor Sie sie in eine Blechdose füllen, damit die Nougatfüllung komplett fest werden kann.

Mini-Stollen

250 g Mehl, 1 EL Milch, 70 g Zucker, 1 Päckchen Trockenhefe, 125 g Magerquark, 1 Prise Salz, 1 Ei, 100 g Butter, 75 g Rosinen, 100 g Orangeat oder je 50 g Gramm Orangeat und Zitronat, etwas Zitronensaft, 100 g Butter zum Bepinseln, 100 g Puderzucker zum Bestäuben

In einer Schale Mehl, Milch, 1/2 Teelöffel Zucker und die Trockenhefe zu einem Vorteig verrühren und gehen lassen, bis sich an der Oberfläche Risse zeigen. In einer Schüssel mit Quark, Salz, Ei, übrigem Zucker, Butter, Rosinen, Orangeat und/oder Zitronat und Zitronensaft zu einem festen, glatten Hefeteig verkneten. Zugedeckt an einem warmen, zugfreien Ort gehen lassen, bis sich sein Volumen verdoppelt hat. Den Backofen auf 180 °C (Umluft 160 °C, Gas Stufe 3) vorheizen. Den Teig nochmals durchkneten, halbieren, zu einem 2 1/2 Zentimeter dicken, 10 Zentimeter breiten, länglichen Rechtecke ausrollen. Mit der Handkante in die Mitte eine Mulde drücken. Die beiden Längsseiten übereinanderschlagen, so dass man eine längliche Stollenform erhält. In 5 Zentimeter lange Stücke schneiden und auf ein mit Backpapier ausgelegtes Backblech legen. Nochmals 15 Minuten gehen lassen. In den vorgeheizten Backofen (mittlere Schiene) schieben und in 15–20 Minuten goldbraun backen. Inzwischen die Butter zum Bepinseln zerlassen. Die Mini-Stollen herausnehmen, sofort einige Male mit der zerlassenen Butter bestreichen und dick mit Puderzucker bestäuben.

♥ Sie können den Puderzucker auch mit Vanillezucker mischen und das Konfekt dann damit bestreuen.

Mini-Knusperhäuschen

1 Rezept Teig für Nougat-Terrassen (siehe S. 50)
Für die Verzierung: 4 Eiweiß, 1 Msp. Salz, 125 g Zucker, 100 g Puderzucker, 15 g Speisestärke, 300 g Marshmallows, 100 g dunkle Kuchenglasur bester Qualität

Am Vortag den Teig für die Nougat-Terrassen zubereiten, zu einer Kugel formen, in Klarsichtfolie wickeln und 2 Stunden kalt stellen. Den Backofen auf 180 °C (Umluft 160 °C, Gas Stufe 3) vorheizen. Ein Backblech mit Backpapier auslegen. Den Teig in mehreren Portionen auf einer bemehlten Arbeitsfäche dünn ausrollen. Zu Rechtecken mit gewelltem Rand von 4 x 6 Zentimetern Kantenlänge ausstechen. Die Anzahl sollte durch 3 teilbar sein. Auf das Blech legen und im vorgeheizten Backofen (zweite Schiene von unten) 6–8 Minuten backen. Herausnehmen und abkühlen lassen.
Für die Verzierung in einer Schüssel Eiweiße und Salz mit den Quirlen des Handrührers schaumig schlagen, den Zucker einrieseln lassen und weiterrühren, bis sich die Kristalle aufgelöst haben. Puderzucker und Stärke mischen, über die Eiweißmischung sieben und vorsichtig unterheben. Aus Pergamentpapier eine Spitztüte drehen, mit der Eiweißmasse füllen und in die Spitze ein Loch schneiden. Etwas davon mittig auf einen Keks setzen und einen Marshmallow darauf festkleben. Die Oberseite des Marshmallows mit Eiweißmasse bedecken. 2 Kekse an der Längsseite mit Eiweißmasse zu einem Dach zusammensetzen und auf den Marshmallow kleben. Festhalten, bis das Dach zusammenhält. Mit den übrigen Zutaten ebenso verfahren, bis die Kekse aufgebraucht sind. Die Knusperhäuschen auf ein mit Backpapier ausgelegtes Backblech setzen und über Nacht bei Zimmertemperatur trocknen lassen. Die verbliebene Eiweißmasse zugedeckt in den Kühlschrank stellen.
Am nächsten Tag die Kuchenglasur nach Packungsanweisung schmelzen. Aus Pergamentpapier zwei Spitztüten drehen, eine mit Kuchenglasur, eine mit der übrigen Eiweißmasse füllen und an den Spitzen jeweils ein Loch hineinschneiden. Die Dächer der Knusperhäuschen mit Zickzacklinien aus Kuchenglasur überziehen und mit Schnee und Eiszapfen aus Eiweißmasse verzieren (siehe Foto). Zum Schluss Marshmallows vierteln und mithilfe der Eiweißmasse als Schornsteine ankleben.

Lebkuchen & Co.

Hinter dem Begriff Lebkuchen verbergen sich so traditionsreiche, aromatische Gebäcke wie Pfeffer-, Gewürz- und Honigkuchen. Einige von ihnen, wie Nürnberger Lebkuchen und Pfefferkuchen, bedürfen einer längeren Vorlaufzeit, da der Teig 1–4 Tage ruhen muss, bevor man ihn weiterverarbeiten kann. Andere, wie Berliner Brot oder Elisenlebkuchen, sind fix vorbereitet und schmecken ebenfalls sehr gut. Aus Lebkuchenteig lassen sich wunderhübsche Gebäckstücke formen. Denken Sie nur an Lebkuchensterne oder eine Lebkuchenfamilie – hübsch mit Zuckerguss verziert. In der passenden Größe ausgestochen und mit einem Geschenkband versehen, eignen sie sich z. B. als essbare Geschenkanhänger oder als individueller Christbaumschmuck. Ebenfalls sehr dekorativ sind Gebäcke, die mit Modeln geformt werden. Das berühmteste unter ihnen ist sicher der Spekulatius, aber auch die klassischen Springerle sind eine ästhetische wie geschmackliche Bereicherung für jede weihnachtliche Kaffeetafel.

Berliner Brot

75 g Vollmilchschokolade, 2 Eier, 2 EL lauwarmes Wasser, 250 g Rohrohrzucker, 250 g Mehl, 1 TL Backpulver, 70 g Rübenkraut (ersatzweise Apfelkraut), 2 EL Rum, 1 Msp. Piment, 1–2 EL Kakao, 1 EL gemahlener Zimt, 200 g ganze Haselnusskerne, Fett für das Blech, 50 g Puderzucker, 1 EL Zitronensaft

Die Schokolade raspeln. In einer Schüssel mit dem Handrührer Eier und lauwarmes Wasser dickcremig aufschlagen, dabei den Zucker nach und nach einrieseln lassen. Mehl und Backpulver mischen. Rübenkraut, Rum, Piment, Kakao und Zimt unter die Eiermasse heben. Die Mehlmischung ebenfalls gut unterrühren. Zum Schluss geraspelte Schokolade und Haselnüsse mit dem Rührlöffel einarbeiten.
Den Backofen auf 180 °C (Umluft 160 °C, Gas Stufe 3) vorheizen und ein Backblech einfetten. Den Teig ca. 1 Zentimeter dick auf etwa zwei Drittel des Blechs verstreichen. In den vorgeheizten Backofen schieben und in 15–20 Minuten hellbraun backen. Herausnehmen und sofort in Rechtecke von ca. 5 x 4 Zentimetern Kantenlänge schneiden. Den Puderzucker mit dem Zitronensaft glatt rühren und die Rechtecke mit der Glasur bestreichen.

Honigkuchen

500 g Honig, gut 1/8 l Pflanzenöl, 250 g Zucker, 700 g Mehl, 1 Päckchen Backpulver, 250 g geschälte, gemahlene Mandeln, 1 Päckchen Lebkuchengewürz, 1 Prise Salz, 3 Eier, je 100 g fein gehacktes Zitronat und Orangeat, Fett für das Blech, Mehl zum Bearbeiten, 3 EL Dosenmilch, je 100 g geschälte Belegkirschen und Mandeln zum Garnieren

In einem Topf bei mittlerer Hitze den Honig mit Öl und Zucker aufkochen und wieder abkühlen lassen. Das Mehl mit dem Backpulver in eine Schüssel sieben und mit Mandeln, Lebkuchengewürz, Salz, Eiern, Zitronat und Orangeat mischen. Die abgekühlte Honigmischung zugeben und alles gut verkneten. Bei Bedarf noch etwas zusätzliches Mehl unterkneten. Den Teig zugedeckt 1 Stunde kühl stellen.

Den Backofen auf 200 °C (Umluft 180 °C, Gas Stufe 4) vorheizen und ein Backblech einfetten. Den Teig mit bemehlten Händen gleichmäßig dick auf das Blech drücken, glatt streichen und mit der Dosenmilch einpinseln. Auf der Teigplatte mithilfe eines spitzen Messers und eines Lineals Quadrate von 6 Zentimetern Kantenlänge markieren, indem man sie leicht einschneidet. Jedes Stück mit einem symmetischen Muster aus Belegkirschen und halbierten geschälten Mandeln (siehe Foto) garnieren. In den vorgeheizten Backofen (mittlere Schiene) schieben und in 35–45 Minuten hellbraun backen. Herausnehmen, etwas abkühlen lassen, die Teigplatte in die markierten Quadrate teilen und auf einem Kuchengitter abkühlen lassen.

Elisenlebkuchen

4 Eier, 1 TL Zitronensaft, 150 g Puderzucker, 1 Prise Salz, abgeriebene Schale von 1 unbehandelten Zitrone, 1–2 TL Lebkuchengewürz, je 200 g gemahlene Mandeln und Haselnusskerne, 28 Backoblaten von ca. 7 cm oder 48 von ca. 5 cm Durchmesser, 200 g dunkle Kuvertüre, 1 Päckchen dunkle Kuchenglasur bester Qualität

Den Backofen auf 160 °C (Umluft 140 °C, Gas Stufe 2) vorheizen. Eier, Zitronensaft und Puderzucker mit den Quirlen des Handrührers zu einer dicken Creme aufschlagen. Die übrigen Zutaten, bis auf die Backoblaten, mit einem Kochlöffel untermischen. Den Teig ca. 1 Zentimeter dick kuppelförmig auf die Oblaten streichen. Die Lebkuchen auf 2 Backbleche setzen, in den vorgeheizten Backofen (mittlere Schiene) schieben und jeweils etwa 15 Minuten backen. Herausnehmen und abkühlen lassen. Inzwischen die Kuvertüre und die Kuchenglasur zusammen über einem Wasserbad schmelzen, gut vermischen und die Lebkuchen damit bestreichen.

Nürnberger Lebkuchen

Für den Teig: 5 Eier, 350 g Zucker, 125 g geschälte, gemahlene Mandeln, 100 g Mehl, je 50 g sehr fein gewürfeltes Zitronat und Orangeat, 2 TL gemahlener Zimt, 1/4 TL gemahlener Kardamom, 1 Msp. Piment, 1 Msp. gemahlener Ingwer, Oblaten von 8 cm Durchmesser
Für die Glasuren: 100 g Zucker, 1 EL Zitronensaft, 2 EL heißes Wasser, 75 g dunkle Kuvertüre oder dunkle Kuchenglasur bester Qualität
Außerdem: 50 g geschälte Mandeln

Am Vortag für den Teig in einer Schüssel über einem warmen Wasserbad Eier und Zucker mit den Quirlen des Handrührers schaumig schlagen, bis die Mischung eine Temperatur von 40 °C erreicht hat. Vom Wasserbad nehmen und wieder kalt schlagen. In einer zweiten Schüssel Mandeln, Mehl, Zitronat, Orangeat, Zimt, Kardamom, Piment und Ingwer mischen und vorsichtig unter die Eier-Zucker-Mischung heben. Die Oblaten mithilfe eines zuvor in Wasser getauchten Küchenmessers 2 Zentimeter dick mit dem Teig bestreichen und ihn zum Rand hin abflachen. Auf ein Blech setzen und über Nacht bei Zimmertemperatur trocknen lassen, damit die Lebkuchen anschließend beim Backen ihre Form behalten.
Am nächsten Tag den Backofen auf 180 °C (Umluft 160 °C, Gas Stufe 3) vorheizen. Die Lebkuchen in den Ofen (mittlere Schiene) schieben und 15–20 Minuten backen, danach sollten sie an der Oberfläche braun, aber innen noch weich sein.
Inzwischen für die Glasuren in einem Topf den Zucker mit Zitronensaft und heißem Wasser mischen und einmal kurz aufkochen lassen. Die Lebkuchen aus dem Backofen nehmen und die Hälfte davon noch heiß mit der Zuckerglasur überziehen und auf einem Kuchengitter trocknen lassen. Die Kuvertüre temperieren (siehe S. 6–7) oder die Kuchenglasur nach Packungsanweisung schmelzen. Die restlichen abgekühlten Lebkuchen damit überziehen und jeweils mit 3 halbierten geschälten Mandeln verzieren.

Bekleben Sie für die Lebkuchen eine runde Schachtel mit einem Geschenkpapier nach Wahl (siehe Anleitung S. 46) und schmücken Sie sie mit einer hübschen Schleife.

Pfefferkuchen

400 g Rübenkraut, 100 g Butter, 10 g Pottasche, 4 EL Orangensaft, 500 g Mehl, 1 Päckchen Pfefferkuchengewürz, abgeriebene Schale von 1/2 unbehandelten Zitrone, je 50 g gewürfeltes Zitronat und Orangeat, 50 g fein gehackte Walnusskerne, Mehl zum Bearbeiten, 2 Eiweiße, 375 g Puderzucker

4 Tage vor dem Abbacken in einem Topf das Rübenkraut mit der Butter leicht erwärmen, bis das Fett zerlaufen ist. In eine Schüssel geben. Pottasche unter Rühren in dem Orangensaft auflösen und zufügen. Mehl, Pfefferkuchengewürz, Zitronenschale, Zitronat, Orangeat und Nüsse zugeben und alles zu einem glatten Teig verkneten. Den Teig 4 Tage gut zugedeckt bei Zimmertemperatur ruhen lassen. Währenddessen wiederholt durchkneten.
Am Tag der Fertigstellung den Backofen auf 200 °C (Umluft 180 °C, Gas Stufe 4) vorheizen. Den Teig portionsweise auf einer bemehlten Arbeitsfläche ca. 4 Millimeter dick ausrollen. Mit Ausstechförmchen beliebige Formen (z. B. Engel, Nikolausstiefel oder Schaukelpferde) ausstechen und auf mit Backpapier ausgelegte Backbleche legen. In den vorgeheizten Backofen (mittlere Schiene) schieben und die Pfefferkuchen 10–15 Minuten backen. Heiß vom Backpapier lösen und auf einem Kuchengitter auskühlen lassen.
Danach die Eiweiße mit so viel gesiebtem Puderzucker steif schlagen, dass eine spritzfähige Masse entsteht. Aus Pergamentpapier eine Tüte drehen, die Glasur einfüllen und ein kleines Loch in die Tütenspitze schneiden. Die Pfefferkuchen wie auf dem Bild mit feinen Zuckergusslinien verzieren und trocknen lassen.

Sie können die Pfefferkuchen mit Loch und Schleifenband versehen und als essbare Geschenkanhänger oder Christbaumschmuck verwenden.

Lebkuchen-Christbaumschmuck

Für den Teig: 100 g Butter, 250 g Honig, 125 g Zucker, 1/2 Päckchen Lebkuchengewürz, 8 g Kakaopulver, 600 g Mehl, 1/2 Päckchen Backpulver, 1 Prise Salz, 1 Ei
Für die Verzierung: 2 Eiweiße, 375 g Puderzucker
Außerdem: Mehl für die Arbeitsfläche, Schleifenband

Am Vortag in einem Topf bei geringer Hitze die Butter mit Honig, Zucker, Lebkuchengewürz und Kakao unter ständigem Rühren erwärmen, bis sich der Zucker vollständig aufgelöst hat. Vom Herd nehmen und abkühlen lassen.
Mehl und Backpulver in eine Schüssel sieben und mit Honigmasse, Salz und Ei zu einem glatten Teig verkneten. Zur Kugel formen, in Alufolie wickeln, mit einer Schüssel bedecken und über Nacht bei Zimmertemperatur ruhen lassen.
Am nächsten Tag den Backofen auf 200 °C (Umluft 180 °C, Gas Stufe 4) vorheizen. Den Teig portionsweise auf einer bemehlten Arbeitsfläche ca. 4 Millimeter dick ausrollen. Mit Ausstechförmchen beliebige Formen (Herzen, Sterne etc.) ausstechen und auf mit Backpapier ausgelegte Backbleche legen. Mit einer Stricknadel ein Loch zur Anbringung eines Stück Schleifenbands am oberen Rand hineinbohren. In den vorgeheizten Backofen (mittlere Schiene) schieben und die Lebkuchen 12–15 Minuten backen. Heiß vom Backpapier lösen und auf einem Kuchengitter auskühlen lassen.
Für die Verzierung die Eiweiße mit so viel gesiebtem Puderzucker steif schlagen, dass eine spritzfähige Masse entsteht. Aus Pergamentpapier eine Tüte drehen, die Glasur einfüllen und ein kleines Loch in die Tütenspitze schneiden. Die Lebkuchen mit symmetrischen Mustern verzieren (siehe Foto) und trocknen lassen. Jeweils ein Stück Schleifenband durch das Loch ziehen und die Lebkuchen als Christbaumschmuck verwenden.

Lebkuchenfamilie

1 Rezept Teig für Lebkuchen-Christbaumschmuck (Rezept S. 68)
Für die Verzierung: 2 Eiweiße, 375 g Puderzucker, rote Lebensmittelfarbe
Außerdem: Mehl für die Arbeitsfläche

Am Vortag den Teig für Lebkuchen-Christbaumschmuck zubereiten, zur Kugel formen, in Alufolie wickeln, mit einer Schüssel bedecken und über Nacht bei Zimmertemperatur ruhen lassen.
Am nächsten Tag die *Vorlage Lebkuchenkinder* des Schnittmusterbogens auf festes Papier oder Pappe kopieren. Für die Eltern die Vorlage maßstabsgerecht vergrößert kopieren und wie die Schablonen für die Kinder ausschneiden.
Den Backofen auf 200 °C (Umluft 180 °C, Gas Stufe 4) vorheizen und ein Backblech einfetten. Den Teig auf einer bemehlten Arbeitsfläche ca. 1/2 Zentimeter dick ausrollen. Die Schablonen auflegen und Kinder und Eltern ausschneiden. Auf das Backblech legen, in den vorgeheizten Backofen (mittlere Schiene) schieben und 12–15 Minuten backen. Herausnehmen, die Lebkuchen sofort mit einer Palette vom Blech heben, auf ein Kuchengitter setzen und abkühlen lassen.
Die Eiweiße mit so viel gesiebtem Puderzucker steif schlagen, dass eine spritzfähige Masse entsteht. Die Masse teilen und eine Hälfte davon mit roter Lebensmittelfarbe einfärben. Aus Pergamentpapier zwei Tüten drehen, die Glasuren einfüllen und jeweils ein kleines Loch in die Tütenspitze schneiden. Die Lebkuchenfamilie mit rotem und weißem Zuckerguss verzieren (siehe Foto).

Lebkuchenpuzzle

1 Rezept Teig für Lebkuchen-Christbaumschmuck (Rezept S. 68)
Für die Verzierung: 200 g Puderzucker, 2–3 EL Zitronensaft, grüne Lebensmittelfarbe, bunte Zuckerperlen
Außerdem: Fett für das Blech, Mehl für die Arbeitsfläche

Am Vortag den Lebkuchenteig nach Rezept zubereiten und über Nacht bei Zimmertemperatur ruhen lassen. Am nächsten Tag den Backofen auf 180 °C (Umluft 160 °C, Gas Stufe 3) vorheizen. 2 Backbleche einfetten. Nach der *Vorlage Tannenbaum* des Schnittmusterbogens Schablonen anfertigen. Den Teig auf bemehlter Arbeitsfläche 1/2 Zentimeter dick ausrollen, Schablonen auflegen, mit dem Messer Tannenbäume aus dem Teig schneiden und in die angezeichneten Puzzleteile teilen. Auf die Bleche legen und im vorgeheizten Ofen (mittlere Schiene) 12–15 Minuten backen. Herausnehmen und auf einem Kuchengitter abkühlen lassen.
In einer Schale gesiebten Puderzucker und Zitronensaft zu einer spritzfähigen Masse verrühren. Ein Drittel davon abnehmen und weiß belassen, die übrige Masse mit grüner Lebensmittelfarbe einfärben. Puzzleteile mit grünem Zuckerguss überziehen und trocknen lassen. Aus Pergamentpapier eine Spitztüte drehen, den weißen Guss einfüllen und ein kleines Loch in die Tütenspitze schneiden. Die Puzzleteile zu Bäumen zusammensetzen, mit feinen weißen Gusslinien überziehen und mit Perlen verzieren.

Matchbox-Schachtel: Die Linien der *Vorlagen Matchbox Boden und Deckel* des Schnittmusterbogens auf dünne Pappe übertragen und entlang der durchgezogenen Linie ausschneiden. Die gestrichelten Linien des Bodens nach innen falten und wieder entfalten. An den Schmalseiten die Zugaben für die Seitenwände bis zum Bodenrand einschneiden, mit Papierkleber einstreichen und rechtwinklig an den Schmalseiten befestigen. An allen 4 Seiten die Zugaben für den oberen Bodenrand an der Innenseite mit Klebstoff bestreichen, einschlagen und festkleben. Den Deckel entlang der durchgezogenen Linie ausschneiden und entlang der gestrichelten Linie nach innen falten. Die beiden äußeren Seiten entlang der gestrichelten Linien passgenau übereinanderkleben. Nach Belieben können Sie den Deckel mit einem Foto des fertigen Puzzles verzieren (siehe Foto).

Springerle

2 Eier, 250 g Puderzucker, 1/2 TL Vanillezucker, 1 Prise Salz, abgeriebene Schale von 1/2 unbehandelten Zitrone, 250 g Mehl, 1 TL Anispulver, Mehl für Model und Backblech

Am Vortag in einer Schüssel Eier und Puderzucker mit den Quirlen des Handrührers schaumig rühren, Vanillezucker, Salz, Zitronenschale und gesiebtes Mehl nach und nach untermischen und mit den Knethaken unterrühren.
Ein Backblech mit Backpapier auslegen und mit dem Anispulver bestreuen. Die Hälfte des Teigs auf einer bemehlten Arbeitsfläche durchkneten und 1 Zentimeter dick ausrollen. Den Teig in der Schüssel inzwischen zudecken, damit er nicht austrocknet. Holzmodel mit Mehl ausstreuen und den Teig dünn mit Mehl bestäuben. Kleine Teigstücke in die Model drücken und wieder abnehmen. Springerle mit einem Messer oder Teigrädchen entlang der Motive ausschneiden und auf das Blech legen. Mit dem restlichen Teig ebenso verfahren. Das Blech mit einem Küchentuch bedecken und die Springerle bei Zimmertemperatur 24 Stunden ruhen lassen.
Am Tag der Fertigstellung den Backofen auf 160 °C (Umluft 140 °C, Gas Stufe 2) vorheizen. Die Springerle in den vorgeheizten Backofen (mittlere Schiene) schieben und in etwa 20 Minuten sehr hell backen, bei Bedarf nach 15 Minuten mit Alufolie abdecken. Vom Blech lösen, die Mehlreste mit einem Pinsel entfernen und die Springerle auf einem Kuchengitter auskühlen lassen.

♥ Sie sollten die Springerle etwa 3 Wochen vor dem Fest backen, damit sie ihr volles Aroma entfalten können. Bis zum Verzehr sind sie in einer fest schließenden Blechdose aufzubewahren.

Dreierlei Aachener Printen

250 g Rübenkraut, 1 gestrichener TL Pottasche, 50 g brauner Zucker, 75 g grober weißer Kandiszucker, 300 g Mehl, je 1 TL gemahlener Zimt und Anis, 1/2 TL gemahlener Ingwer, je 1/4 TL gemahlene Nelken, Koriander und Piment, Mehl zum Ausrollen, 1/2 Tasse Milch, 50 g Mandelsplitter, 200 g dunkle Kuvertüre

2–3 Tage vor dem Abbacken das Rübenkraut in einem Topf mit 2 Esslöffeln Wasser aufkochen. Pottasche mit 1 Esslöffel Wasser verrühren und zugeben. Braunen Zucker und Kandis unterrühren. Erkalten lassen, dabei ab und zu umrühren. Mehl und Gewürze untermischen. Den Teig zugedeckt 2–3 Tage bei Zimmertemperatur ruhen lassen. Dann den Backofen auf 180 °C (Umluft 160 °C, Gas Stufe 3) vorheizen. Den Teig nochmals durchkneten und etwa 5 Millimeter dick auf einer bemehlten Arbeitsfläche ausrollen. Rechtecke von ca. 8 x 3 Zentimeter ausschneiden. Mit Milch bestreichen. Ein Drittel der Printen mit Mandelsplittern belegen. Dann alle Printen auf mit Backpapier ausgelegte Bleche legen und im vorgeheizten Backofen etwa 15 Minuten backen. Vom Blech lösen und abkühlen lassen. Die mit Mandelsplittern belegten sowie ein weiteres Drittel der Printen mit temperierter Kuvertüre (siehe S. 6–7) überziehen und erkalten lassen.

Beklebte quadratische Schachtel: Zum Bekleben einer Schachtel benötigen Sie einen Schachtelrohling, beidseitig selbstklebende Folie und ein hochwertiges Geschenkpapier nach Wahl. Dafür den Boden und die 4 Seiten der Schachtel auf dem Abziehpapier der Folie anzeichnen, dabei an den oberen Kanten jeweils 1 Zentimeter zum Einschlagen zugeben. Zusätzlich an 2 gegenüberliegenden Seiten 1 Zentimeter Zugabe anzeichnen. Die gefärbte Schutzfolie entfernen und ein passend zugeschnittenes Stück Geschenkpapier mit der Rückseite auf die selbstklebende Folie kleben, entlang der angezeichneten Linien ausschneiden und an den seitlichen Zugaben bis zur Bodenlinie einschneiden. Das Abziehpapier der Folie entfernen und den Boden der Schachtel passgenau aufkleben. Die Seiten samt den Zugaben ankleben, diese jeweils umklappen und andrücken. Dann die Seiten ohne seitliche Zugaben befestigen, die Zugaben an der Oberkante rundherum umschlagen und andrücken. Mit dem Deckel ebenso verfahren.

Mandel-Spekulatius

250 g Butter, 300 g Zucker, 100 g Marzipanrohmasse, 1 Ei, 500 g Mehl, 1 Prise Salz, 1 Päckchen Lebkuchengewürz, Mehl für Model, Blech und zum Bearbeiten, 100 g Mandelblättchen, 3 EL Milch

Die Butter mit dem Zucker und dem Marzipan verkneten. Ei, gesiebtes Mehl, Salz und Lebkuchengewürz ebenfalls unterkneten. Den Teig zur Kugel formen, in Alufolie wickeln und 2 Stunden kühl stellen.
Den Backofen auf 200 °C (Umluft 180 °C, Gas Stufe 4) vorheizen. Model mit Mehl bestäuben. 2 Backbleche ebenfalls mit Mehl bestäuben und gleichmäßig mit Mandelblättchen bestreuen. Den Teig in 2 Portionen teilen und auf einer bemehlten Arbeitsfläche knapp 1/2 Zentimeter dick ausrollen. Kleine Teigstücke davon abschneiden und fest in die Model drücken. Überstehenden Teig entlang den Vertiefungsrändern abschneiden. Die Teigstücke aus den Modeln auf das Backblech stürzen, indem man kräftig auf die Rückseite schlägt. In den vorgeheizten Backofen (mittlere Schiene) schieben und etwa 10 Minuten backen, danach sollten die Mandelblättchen goldgelb sein. Sofort mit einer Palette vom Blech lösen und die Spekulatius zum Abkühlen auf ein Kuchengitter legen. Mit dem übrigen Teig ebenso verfahren.

Internationale Spezialitäten

Es lohnt sich – bei aller Liebe zu den heimischen Traditionen – auch einmal über den eigenen Plätzchentellerrand zu schauen. Die Nachbarn in der Schweiz haben solch unwiderstehliche Gebäcke wie die Baseler Brunsli und feine Gebilde wie die Zürcher Tirggel zu bieten. Die österreichische Weihnachtsbäckerei ist mit der bayrischen zwar eng verwandt, wartet aber auch mit Besonderheiten wie den Gespritzen Linzern oder Mohn-Powidl-Tascherln auf. Aus der italienischen Backtradition locken typische Weihnachtsgebäcke wie das Panforte, aber auch „Ganzjahreskekse“ wie Amarettini oder Cantuccini schmecken in der Weihnachtszeit besonders gut. Und auch im angelsächsische Raum sind mit Rezepten wie Christmas-Cookies, Brownie-Weihnachtsbäumchen und Shortbread-Herzen vielfältige Inspirationen für die adventliche Backstube zu finden.

Zürcher Tirggel

800 g Honig, je 30 g gemahlener Ingwer und Zimt, je 5 g gemahlene Nelken und frisch geriebene Muskatnuss, 1 Msp. Piment, 2 EL Rosenwasser (Apotheke oder türkisches Lebensmittelgeschäft), knapp 800 g Mehl, Öl und Mehl für Model, Blech und zum Bearbeiten

In einer Schüssel den Honig mit Ingwer, Zimt, Nelken, Muskat, Piment und Rosenwasser über einem heißen Wasserbad erhitzen. So viel Mehl einarbeiten, dass sich der Teig vom Schüsselrand löst. Den Backofen auf 280 °C (Umluft maximale Temperatur, Gas Stufe 10) vorheizen. Ein Backblech leicht einfetten und bemehlen. Den Teig auf einer bemehlten Arbeitsfläche ca. 2 Millimeter dick ausrollen. Kleine Holzmodel mit Öl ausstreichen und den Teig hineindrücken. Vorsichtig herauslösen und die Teigstücke auf das Backblech legen. In den Backofen (oberste Schiene) schieben und die Tirggel nach Sicht ganz hellbraun backen.

Basler Leckerli

je 100 g geschälte Mandeln, Haselnuss- und Walnusskerne, je 125 g Orangeat und Zitronat, 350 g Honig, 350 g Zucker, 500 g Mehl, 30 g gemahlener Zimt, abgeriebene Schale von 1 unbehandelten Zitrone, 2 Msp. gemahlene Nelken, 1 Msp. frisch geriebene Muskatnuss, je 2 TL Pottasche und Hirschhornsalz, je 2 cl Arrak und Kirschwasser, Butter für das Blech, Mehl für die Arbeitsfläche

Mandeln, Haselnüsse, Walnüsse, Orangeat und Zitronat fein hacken und in eine Schüssel geben. In einem Topf unter Rühren Honig und 250 Gramm Zucker aufkochen. Das Mehl zu den gehackten Zutaten sieben und mit der heißen Honigmischung und den Gewürzen samt Pottasche und Hirschhornsalz untermengen. Arrak und Kirschwasser unterkneten. Den Teig zur Kugel formen, mit einer Schüssel bedecken und bei Zimmertemperatur 3–4 Stunden ruhen lassen.
Anschließend den Backofen auf 200 °C (Umluft 180 °C, Gas Stufe 4) vorheizen. Ein Backblech einfetten. Den Teig auf einer bemehlten Arbeitsfläche etwa 1 Zentimeter dick auf Blechgröße ausrollen und auf das Blech legen. In den vorgeheizten Backofen (mittlere Schiene) schieben und 15–20 Minuten backen.
Inzwischen in einem Topf den restlichen Zucker mit wenig Wasser aufkochen und bereitstellen. Das Blech aus dem Ofen nehmen, die Teigplatte sofort mit der Zuckerglasur bestreichen und in Rechtecke von ca. 5 x 3 Zentimetern Kantenlänge schneiden.

Basler Brunsli

200 g dunkle Schokolade, 2 Eiweiß, 500 g gemahlene Mandeln, 400 g Zucker, 2 EL ungesüßtes Kakaopulver, 1/2 TL gemahlener Zimt, 1 Prise frisch geriebene Muskatblüte, 3 EL Kirschwasser, grober Zucker und Fett für das Blech

Die Schokolade auf der Küchenreibe ganz fein reiben. Die Eiweiße zu steifem Schnee schlagen. In einer Schüssel die Schokolade mit Mandeln, Zucker, Kakao, Zimt, Muskatblüte und Kirschwasser vermischen und gründlich verkneten. Den Eischnee vorsichtig unterheben.

Ein Backbrett mit grobem Zucker bestreuen und den Teig 1 Zentimeter dick darauf ausrollen. Mit Ausstechformen einfache Formen (Sterne, Herzen, Kleeblätter etc.) ausstechen und mit fingerbreitem Abstand auf einem gut gefetteten Backblech verteilen. Mindestens 2 Stunden bei Zimmertemperatur trocknen lassen.

Anschließend den Backofen auf 180 °C (Umluft 160 °C, Gas Stufe 3) vorheizen und die Brunsli darin ca. 5 Minuten backen, danach sollen sie eine leichte Kruste bekommen, aber noch keine Farbe angenommen haben. Herausnehmen und nach 2–3 Minuten vorsichtig vom Blech lösen, zum Abkühlen auf ein Kuchengitter setzen und dann in Blechdosen füllen.

Schoko-Cassis-Tascherl

Für den Teig: 150 g Mehl, 1 Msp. Backpulver, 15 g Kakaopulver, 75 g Zucker, 1 Prise Salz, 1 Ei, 100 g weiche Butter
Für die Füllung: 300 g Schwarze-Johannisbeer-Konfitüre, 1/2 TL Biobin (pflanzliches Bindemittel, Reformhaus)
Außerdem: Mehl zum Bearbeiten, 50 g weiße Kuvertüre oder weiße Kuchenglasur bester Qualität

Für den Teig Mehl, Backpulver und Kakao in eine Schüssel sieben. Zucker, Salz, Ei und Butter mit den Kethaken des Handrührers rasch einarbeiten. Den Teig auf einer leicht bemehlten Arbeitsfläche rasch zu einem glatten Teig verkneten. Zur Kugel formen, in Klarsichtfolie wickeln und 3 Stunden kalt stellen.
Inzwischen für die Füllung die Konfitüre durch ein Sieb in eine Schüssel streichen und mit dem Biobin binden.
Den Backofen auf 180 °C (Umluft 160 °C, Gas Stufe 3)vorheizen. Ein Backblech mit Backpapier auslegen. Den Teig auf einer bemehlten Arbeitsfläche 3 Millimeter dick ausrollen und mithilfe eines Lineals und eines Teigrädchens rechtwinklige Dreiecke von 5 Zentimetern Schenkellänge ausrädeln. Die Hälfte der Dreiecke jeweils mittig mit 1/2 Teelöffel Cassisfüllung belegen und mit einem unbelegten Dreieck abdecken. Die Ränder mit einem Messerrücken gut andrücken und die Täschchen auf das Backblech legen. In den vorgeheizten Backofen (mittlere Schiene) schieben und 13–15 Minuten backen. Herausnehmen, die Täschchen samt Backpapier vom Blech ziehen und abkühlen lassen.
Die Kuvertüre temperieren (siehe S. 6–7) oder die Kuchenglasur nach Packungsanweisung schmelzen und die Täschchen jeweils mit einer Ecke hineintauchen. Auf einem Kuchengitter trocknen lassen.

Gespritzte Linzer

220 g weiche Butter, 80 g Puderzucker, 1 EL Vanillezucker, 1 Prise Salz, etwas abgeriebene unbehandelte Zitronenschale, 1 Ei, 1 Eigelb, 150 g Mehl, 150 g griffiges Mehl (ersatzweise Instantmehl), ca. 100 g Erdbeermarmelade, 200 g dunkle Kuvertüre oder dunkle Kuchenglasur bester Qualität

In einer Schüssel Butter, Puderzucker, Vanillezucker, Salz und Zitronenschale schaumig schlagen. In einer Schale Ei und Eigelb verschlagen und unter die Butter-Zucker-Mischung rühren. Die beiden Mehlsorten mischen und unterheben. Den Backofen auf 200 °C (Umluft 180 °C, Gas Stufe 4) vorheizen. Ein Backblech mit Backpapier auslegen. Den Teig in einen Spritzbeutel mit Lochtülle Nr. 6 füllen und mit Abstand kleine Häufchen auf das Backpapier setzen. In den vorgeheizten Backofen (mittlere Schiene) schieben und in 10 Minuten sehr hell backen. Herausnehmen und abkühlen lassen. Die Hälfte der Linzer umdrehen, mit etwas Marmelade bestreichen und jeweils mit einem unbestrichenen Plätzchen zusammensetzen.
Die Kuvertüre temperieren (siehe S. 6–7) oder Kuchenglasur nach Packungsanweisung schmelzen. Die Linzer zu etwa einem Drittel hineintauchen, auf ein Kuchengitter setzen und trocknen lassen.

Mohn-Powidl-Schnitten

Für den Teig: 6 Eier, 2 Eiweiß, 180 g Zucker, 80 g frisch gemahlener Mohn, abgeriebene Schale von 1 unbehandelten Zitrone, 1 Prise Salz, 30 g gemahlene Mandeln, 90 g Mehl
Für die Füllung: 200 g Pflaumenmus (Powidl), 2 EL Rum nach Belieben
Für die Dekoration: 1 unbehandelte Zitrone, 50 g Zucker, 100 g Puderzucker
Außerdem: Zucker zum Bestreuen

Den Backofen auf 180 °C (Umluft 160 °C, Gas Stufe 3) vorheizen. 4 Eier trennen. In einer Schüssel 2 Eier, 4 Eigelbe und 110 Gramm Zucker hell-schaumig aufschlagen. Mohn, Zitronenschale, Salz, Mandeln und Mehl untermischen. Die restlichen 6 Eiweiße mit dem restlichen Zucker zu steifem Schnee schlagen und vorsichtig unterheben. Ein Backblech mit Backpapier auslegen und etwa zu zwei Dritteln mit dem Teig bestreichen. In den vorgeheizten Backofen (mittlere Schiene) schieben und die Teigplatte in 15–20 Minuten hellbraun backen. Herausnehmen, ein Küchentuch mit Zucker bestreuen, den Biskuit daraufstürzen und vollständig auskühlen lassen.
Für die Füllung das Pflaumenmus in einem Topf zum Kochen bringen und nach Belieben den Rum unterrühren. Die Teigplatte mit einem scharfen, langen Messer in der Mitte waagerecht durchschneiden. Die untere Hälfte der Platte mit dem Pflaumenmus bestreichen und die obere Hälfte wieder aufsetzen. Mit einem scharfen Messer in Schnitten von 2 x 2,5 Zentimetern teilen.
Für die Dekoration die Zitrone heiß abbrausen und sehr feine Zesten davon abschneiden. Eine Hälfte der Frucht auspressen und den Saft beiseitestellen. In einem Topf den Zucker mit 50 Millilitern Wasser zum Kochen bringen, die Zesten einlegen und in 12–15 Minuten weich kochen. Herausnehmen und in einem Sieb abtropfen lassen. In einer Schale den gesiebten Puderzucker mit etwas Zitronensaft zu einem streichfähigen Guss verrühren. Die Schnitten damit bestreichen und mit Zitronenzesten garnieren.

♥ Wer es weniger süß bevorzugt, lässt den Zuckerguss und die Zitronenzesten einfach weg und bestreut die Schnitten nur leicht mit feinem Zucker.

Shortbread-Herzen mit Cranberrys

300 g zimmerwarme gesalzene Butter, 200 g weißer Zucker, 500 g Dinkel- oder Weizenmehl, 100 g Rohrohrzucker, 140 g getrocknete Cranberrys, nicht zu fein gehackt

Den Backofen auf 180 °C (Umluft 160 °C, Gas Stufe 3) vorheizen. In einer Rührschüssel die Butter mit den Quirlen des Handrührers ca. 10 Minuten rühren, danach soll die Mischung weiß-cremig sein und an Volumen sichtbar zugenommen haben. Die beiden Zuckersorten einrieseln lassen und weiterrühren, bis sich die Kristalle aufgelöst haben. Das Mehl und die Cranberrys zufügen und alles zu einem geschmeidigen Teig verkneten. Zu einer ca. 1 Zentimeter dicken Platte ausrollen, kleine Herzen ausstechen und auf ein mit Backpapier belegtes Backblech legen. In den vorgeheizten Backofen (mittlere Schiene) schieben und die Shortbreads in ca. 10 Minuten sehr hell backen.

Engelbotschaften

150 g Butter, 50 g Puderzucker, 1 TL Vanillezucker, 1 Prise Salz, 50 g Sauerrahm, 275 g Mehl
Außerdem: 1 Buchstabenprägeset (Haushaltsfachhandel oder Internet), Mehl zum Bearbeiten

In einer Schüssel Butter, Puderzucker, Vanillezucker und Salz verrühren. Nach und nach Sauerrahm und Mehl einarbeiten und alles zu einem glatten Teig verarbeiten. Zur Kugel formen, in Klarsichtfolie wickeln und 1 Stunde kalt stellen.
Den Backofen auf 190 °C (Umluft 170 °C, Gas Stufe 3–4) vorheizen und ein Backblech mit Backpapier auslegen. Mit einem Buchstabenprägeset die gewünschten Botschaften setzen. Den Teig auf einer bemehlten Arbeitsfläche 3 Millimeter dick ausrollen. Flügel und Rechtecke mit gewelltem Rand ausstechen und die vorbereiteten Botschaften hineinprägen. Die Plätzchen auf das Blech legen, in den vorgeheizten Backofen (mittlere Schiene) schieben und in 7–10 Minuten sehr hell backen. Herausnehmen, mit dem Backpapier vom Blech ziehen und auskühlen lassen.

ENJOY!
ENJOY!

Christmas-Cookies

100 g gemischte Nüsse nach Belieben, 150 g gemischte Trockenfrüchte nach Belieben, 225 g Mehl, 2 TL Backpulver, 1 Prise frisch geriebene Muskatnuss, 1/2 TL Lebkuchengewürz, 110 g dunkler Rohrohrzucker, 110 g eiskalte Butter in Würfeln, 2 große Eier, 2 EL Cream Sherry, Brandy oder Milch, dunkler Rohrohrzucker zum Bestreuen, Fett für das Blech

Die Nüsse und die Trockenfrüchte getrennt fein hacken und beiseitestellen. Mehl und Backpulver in eine große Rührschüssel sieben. Gewürze und Zucker untermischen. Butterwürfel mit den Fingerspitzen so unter das Mehl arbeiten, dass eine krümelige Mischung entsteht. Die Eier in einer Schale verquirlen und mit Sherry bzw. Weinbrand oder Milch, gehackten Nüssen und Trockenfrüchten zugeben. Alle Zutaten mit einem Holzlöffel zu einem homogenen Teig verarbeiten.

Den Backofen auf 180 °C (Umluft 160 °C, Gas Stufe 3) vorheizen. Den Teig esslöffelweise mit reichlich Abstand auf das gefettete Blech setzen. Mit einem Gabelrücken leicht flach drücken und jeweils mit etwas Rohrzucker bestreuen. In den vorgeheizten Backofen schieben und in 12–15 Minuten goldbraun backen. Herausnehmen und die Cookies auf dem Blech 2 Minuten abkühlen lassen. Auf ein Kuchengitter setzen und komplett auskühlen lassen.

Snowcaps

100 g dunkle Kuvertüre, 50 g Butter, 60 g feiner Zucker, 1 Ei, 1 Eigelb, 100 g Mehl, 1 EL Kakao, 1/4 TL Backpulver, Salz, 1 TL gemahlener Zimt, 60 g Puderzucker zum Wälzen

Die Kuvertüre hacken. Mit der Butter in eine Schale geben und über einem heißen Wasserbad zerlassen. In eine Schüssel umfüllen und abkühlen lassen. Zucker, Ei und Eigelb untermischen. Dann Mehl, Kakao, Backpulver, 1 Prise Salz und Zimt unterheben. Den Teig 2 Stunden zugedeckt kalt stellen.
Den Backofen auf 180 °C (Umluft 160 °C, Gas Stufe 3) vorheizen und ein Blech mit Backpapier auslegen. Den Puderzucker auf einen flachen Teller geben. Den Teig zu walnussgroßen Kugeln formen und in dem Puderzucker wälzen. Im Abstand von 4 Zentimetern auf das Blech setzen. In den vorgeheizten Backofen (zweite Schiene von unten) schieben und etwa 14 Minuten backen. Herausnehmen und etwas abkühlen lassen. Vorsichtig vom Blech heben und auf einem Kuchengitter auskühlen lassen.

Erdnuss-Cookies

1 großes Ei, 115 g weiche Butter, 125 g Erdnussbutter mit Erdnussstückchen, 140 g Rohrohrzucker, 1/2 TL Vanilleextrakt, 2 TL Backpulver, 225 g Mehl, 200 g geröstete ungesalzene Erdnusskerne, Fett für das Blech

Das Ei in einer Schüssel leicht verquirlen. Butter, Erdnussbutter, Zucker, Vanilleextrakt und das mit dem Backpulver vermischte Mehl zugeben und alles mit einem Holzlöffel zu einem glatten Teig verrühren. Die Erdnüsse auf einen flachen Teller geben.
Den Backofen auf 180 °C (Umluft 160 °C, Gas Stufe 3) vorheizen. Mithilfe eines Esslöffels walnussgroße Teigstücke abstechen, zwischen den Handflächen zu gleichmäßigen Bällchen formen und in den Erdnüssen rollen, bis sie rundum damit bedeckt sind. Die Bällchen mit genügend Abstand auf ein gefettetes Blech setzen und etwas flach drücken. In den vorgeheizten Backofen schieben und die Cookies in 12–15 Minuten goldbraun backen. Herausnehmen und auf dem Blech abkühlen lassen, bis sie fest sind.
Auf einem Kuchengitter komplett auskühlen lassen.

Walnuss-Espresso-Cookies

100 g weiche Butter, 70 g feiner Zucker, 1/2 verquirltes Ei, 110 g Mehl, 1 TL Backpulver, 1–2 TL Instant-Espressopulver, 40 g fein gehackte Walnusskerne, zusätzlich gehackte Walnusskerne zum Wälzen nach Belieben

Die Butter und den Zucker in einer Rührschüssel schaumig schlagen. Das Ei unterrühren, anschließend das mit dem Backpulver vermischte Mehl zugeben und ebenfalls untermischen. Nacheinander Espressopulver und Walnüsse unterheben.
Den Backofen auf 180 °C (Umluft 160 °C, Gas Stufe 3) vorheizen. Mithilfe eines Esslöffels kleine Häufchen vom Teig abstechen, leicht flach drücken, nach Belieben vorsichtig in den gehackten Walnüssen wälzen und mit genügend Abstand auf ein mit Backpapier ausgelegtes Blech setzen. In den vorgeheizten Backofen schieben und etwa 10 Minuten backen, danach sollten die Kekse an den Rändern leicht Farbe angenommen haben. Herausnehmen und für einige Minuten auf dem Blech fest werden lassen. Dann auf ein Kuchengitter heben und komplett auskühlen lassen.

Mini-Christmas-Cupcakes

Für 1 Mini-Muffin-Blech
Für den Teig: je 200 g gehackte Sultaninen und Rosinen, je 120 g gehackte Korinthen und kandierte Cranberrys, 1/8 l Brandy oder Rum, 125 g Butter, 110 g brauner Zucker (Mascobado), 1 EL Aprikosenkonfitüre, 1 EL Honig, 1 TL abgeriebene unbehandelte Zitronen- oder Orangenschale, 2 Eier, 180 g Mehl, je 1/2 TL gemahlener Ingwer, Zimt und Lebkuchengewürz
Für den Zuckerguss: 1 Eiweiß, 250 g Puderzucker, 2–3 TL Zitronensaft
Außerdem: Fett für die Form, goldene und rosafarbene Zuckerperlen zum Garnieren

Am Vortag für den Teig die Trockenfrüchte in einer Schüssel mit Brandy oder Rum übergießen und über Nacht zugedeckt ziehen lassen.
Am nächsten Tag den Backofen auf 150 °C (Umluft 130 °C, Gas Stufe 1) vorheizen. 36 Mulden eines Mini-Muffinblechs einfetten.
In einer Schüssel Butter und Zucker mit dem Handrührer cremig rühren. Konfitüre, Honig und Zitronen- oder Orangenschale unterrühren. Nach und nach die Eier zugeben und gut einarbeiten. Die eingelegten Trockenfrüchte, das Mehl und die Gewürze abwechselnd in die Buttermischung einrühren. Den Teig so auf die Mulden verteilen, dass diese bis zum Rand gefüllt sind, und glatt streichen. In den vorgeheizten Backofen (mittlere Schiene) schieben und die Cupcakes ca. 40 Minuten backen (Stäbchenprobe machen!). Herausnehmen, im Blech abkühlen lassen, auf ein Kuchengitter stürzen und wieder umdrehen.
Für den Zuckerguss das Eiweiß mit einem Kochlöffel leicht aufschlagen. Nach und nach den gesiebten Puderzucker zugeben und beides zu einer glatten Paste verrühren. Langsam so viel Zitronensaft dazugeben, dass die Mischung leicht flüssig wird. Jeden Cupcake mithilfe eines Teigschabers so mit dem Zuckerguss bestreichen, dass er an den Seiten etwas herunterläuft, und mit den Zuckerperlen dekorieren.

Brownie-Weihnachtsbäumchen

170 g dunkle Kuvertüre, 250 g Butter, 6 Eier, 250 g Zucker, 1 TL Vanilleextrakt, 1 Prise Salz, 220 g Mehl, 200 g gemahlene Haselnüsse, Zucker zum Bearbeiten, 3 EL Puderzucker zum Bestäuben

Die Kuvertüre fein hacken. Zusammen mit der Butter in einem Topf bei geringer Hitze zerlassen. In einer Schüssel Eier, Zucker, Vanilleextrakt und Salz mit den Quirlen des Handrührers in 8–10 Minuten dickcremig rühren. Die Kuvertüremischung untermengen, dann Mehl und Nüsse unterrühren.
Den Backofen auf 180 °C (Umluft ungeeignet!, Gas Stufe 3) vorheizen. Den Teig auf ein mit Backpapier belegtes tiefes Blech von etwa 32 x 39 Zentimetern streichen. Falls das Blech größer ist, mit mehrfach gefalteter Alufolie die Größe entsprechend begrenzen. In den vorgeheizten Backofen (zweite Schiene von unten) schieben und 15–18 Minuten backen. Herausnehmen, die Teigplatte auf dem Blech lauwarm abkühlen lassen und dann auf ein passend zugeschnittenes Stück Backpapier stürzen. Etwas Zucker auf einen flachen Teller streuen. Aus der noch warmen Platte mit zunächst in den Zucker gedrückten Ausstechern Sterne in 3 verschiedenen Größen ausstechen und zu Bäumchen zusammensetzen (siehe Foto). Mit Puderzucker bestäuben.

Cantuccini

125 g Mandeln, 1/4 TL Backpulver, 175 g Mehl, 75 g gemahlene Mandeln, 200 g Zucker, 1 Prise Salz, 2 Eier, Butter und Mehl für das Blech

Die ganzen Mandeln in kochendem Wasser blanchieren, in ein Sieb abgießen, kurz abkühlen lassen und schälen. Ohne Zugabe von Fett in einer Pfanne einige Minuten mehr trocknen als rösten. Aus dem mit Backpulver vermischten Mehl, gemahlenen Mandeln, Zucker, Salz und Eiern einen festen Teig kneten, dabei nach und nach die ganzen Mandeln einarbeiten.
Den Backofen auf 150 °C (Umluft 130 °C, Gas Stufe 1) vorheizen. Ein Backblech einfetten und leicht bemehlen. Den Teig zu Rollen von 3–4 Zentimetern Durchmesser formen und mit Abstand auf das Backblech legen. In den vorgeheizten Backofen schieben und 7–8 Minuten backen. Herausnehmen, die Rollen mit einem sehr scharfen Messer schräg in 1–1,5 Zentimeter dicke Scheiben schneiden und mit einer Schnittfläche nach unten wieder auf das Backblech legen. Zurück in den Backofen schieben und in weiteren 10 Minuten goldgelb backen.

Sternbox: Die Linien der *Vorlage Motivbox* des Schnittmusterbogens auf eine dünne Pappe nach Wahl kopieren und entlang der durchgezogenen Linie für die Kontur ausschneiden. An den beiden Deckelklappen mit Sternkontur jeweils die angezeichnete Linie bis zur Mitte des Deckels einschneiden. Die gestrichelten Linien inklusive der 4 seitlichen Zugaben nach innen falzen (siehe Skizze auf dem Bogen). Die Zugaben mit Papierkleber bestreichen und die Box zu einem Würfel zusammenkleben. Nach dem Befüllen wird sie geschlossen, indem man die beiden Deckelklappen an den Schlitzen zusammensteckt (siehe Skizze auf dem Bogen). Anstelle der Sternkontur können Sie die Deckelklappen auch mit einer Herzkontur versehen.

Amarettini

250 g Marzipanrohmasse, 220 g Zucker, 1 Prise Salz, 40 g geschälte, gemahlene Mandeln, abgeriebene Schale von 1/2 unbehandelten Zitrone, 3 Eiweiß, 3 EL Hagelzucker, 3 EL Zucker

Ggf. am Vortag auf einer Arbeitsfläche Marzipan, Zucker und Salz gut miteinander verkneten. Mandeln und Zitronenschale einarbeiten. Die Masse in eine Rührschüssel umfüllen, nacheinander die Eiweiße zugeben und mit dem Kochlöffel unterrühren.
Ein Backblech mit Backpapier auslegen. Die Masse in einen Spritzbeutel mit Lochtülle Nr. 6 füllen und mit Abstand kleine Tupfen auf das Backpapier spritzen. Nacheinander mit Hagelzucker und normalem Zucker bestreuen. Mindestens 4 Stunden, am besten aber über Nacht, bei Zimmertemperatur trocknen lassen.
Danach den Backofen auf 150 °C (Umluft 130 °C, Gas Stufe 1) vorheizen. Das Blech in den Backofen schieben und die Plätzchen 15 Minuten backen. Herausnehmen, auf ein Kuchengitter setzen und die Amarettini erkalten lassen.

♥ Sie sollten das Marzipan nicht zu lange kneten, da sonst das in der Mandelmasse enthaltene Öl austritt.

♥ Es empfiehlt sich, ein paar Probe-Amarettini zu backen, um zu testen, ob sie zu sehr verlaufen. In diesem Fall noch mehr gemahlene Mandeln zufügen.

Panforte-Spitzen

Für 1 Mini-Springform von 15 Zentimetern Durchmesser
100 g Haselnusskerne, 100 g Mandeln, 150 g Orangeat, 50 g Zitronat, 50 g Mehl, 3 EL Kakao, 1 TL gemahlener Zimt, je 1 Prise gemahlene Nelken, gemahlener Ingwer, gemahlener Koriander und frisch geriebene Muskatnuss, 100 g Zucker, 100 g Honig, reichlich Puderzucker zum Bestäuben

Den Backofen auf 200 °C (Umluft 180 °C, Gas Stufe 4) vorheizen. Die Haselnüsse im vorgeheizten Ofen 10 Minuten rösten, herausnehmen, leicht abkühlen lassen und aneinanderreiben, um sie zu schälen. Die Nüsse danach grob hacken. Die Ofentemperatur auf 150 °C reduzieren. Die Mandeln kurz in kochendem Wasser blanchieren und in ein Sieb abgießen. Kurz abkühlen lassen und dann schälen. Orangeat und Zitronat fein würfeln. Die vorbereiteten Zutaten mit Mehl, Kakao, Zimt, Nelken, Ingwer, Koriander und Muskat vermengen. Zucker und Honig in einem Topf schmelzen lassen und die Mischung unterheben.
Eine Mini-Springform mit Backpapier auslegen und ein Drittel des Panforte-Teigs hineingeben. In den vorgeheizten Backofen schieben und 30 Minuten backen. Herausnehmen und leicht abkühlen lassen. Mit einem Messer aus der Form lösen und auf eine dick mit Puderzucker bestreute Fläche stürzen. Das Backpapier entfernen. Mit dem übrigen Teig ebenso verfahren. Vor dem Servieren das Panforte in Tortenstücke schneiden und dick mit Puderzucker bestäuben.

Zaleti

100 g Sultaninen, 150 g Butter oder Schweineschmalz, 150 g Maismehl, 150 g Weizenmehl (Type 00, italienischer Feinkostladen), 1 Päckchen Vanillezucker, 1 Msp. Salz, 5–6 g Hirschhornsalz, 3 Eier, 100 g Zucker, Butter für das Blech, Puderzucker zum Bestäuben

Die Sultaninen einige Minuten in lauwarmem Wasser einweichen, herausnehmen und auf Küchenpapier abtropfen lassen. Inzwischen die Butter oder das Schweineschmalz in einem Topf zerlassen und wieder abkühlen lassen.
In einer Schüssel die beiden Mehlsorten, Vanillezucker, Salz und Hirschhornsalz sorgfältig mischen. In einer zweiten Schüssel Eier und Zucker schaumig rühren. Mehlmischung, abgekühltes Fett und Sultaninen zugeben und alles zu einem glatten Teig verkneten. Bei Bedarf etwas Wasser oder Milch zugeben.
Den Backofen auf 180 °C (Umluft 160 °C, Gas Stufe 3) vorheizen. Den Teig in gleich große Hälften teilen und zu Rollen von 3–4 Zentimetern Durchmesser formen. Die Rollen in ca. 5 Zentimeter lange Stücke schneiden und zu ovalen Brötchen formen (siehe Foto). Mit Abstand auf ein gefettetes Backblech setzen. In den vorgeheizten Backofen schieben und in ca. 12 Minuten goldgelb backen. Herausnehmen und auf einem Kuchengitter abkühlen lassen. Mit Puderzucker bestäuben.

Weihnachtliche Glückskekse

35 g Mehl, 35 g Puderzucker, 1 Prise Salz, 35 g Butter, 1 Eiweiß, 10–12 Liebesbotschaften auf schmalen Papierstreifen, 1 Pappquadrat mit glatter Oberfläche (Dicke: 1,5 mm, Größe: 11 x 11 cm), Butter für die Schablone, 1 Glas, 1 Eierkarton

In einer Rührschüssel Mehl, Puderzucker, Salz, Butter und Eiweiß zu einem glatten Teig verrühren. Den Backofen auf 200 °C (Umluft 180 °C, Gas Stufe 4) vorheizen.
2–3 Bleche mit Backpapier auslegen. Um eine Schablone zu erhalten, aus dem Pappquadrat mithilfe eines Untertellers o. Ä. 1 Kreis von 10 Zentimetern Durchmesser ausschneiden. Die Innenränder des entstandenen Lochs fetten. Die Schablone auf ein Backblech legen und mit einer Palette 1–2 Teelöffel Teig darin zu einem Kreis verstreichen. Abheben, mit Abstand wieder auflegen und ebenso noch 2 weitere Teigkreise auf das Blech streichen.
Das Blech in den vorgeheizten Backofen (mittlere Schiene) schieben und die Teigkreise etwa 5 Minuten backen; danach sollten sie schon gar, aber noch ganz hell sein. Herausnehmen und abkühlen lassen. Danach nochmals in den Ofen schieben und fertig backen, bis die Teigkreise hellbraun sind, herausnehmen. Jeweils einen Teigkreis mithilfe der Palette vom Blech lösen und sofort – mit einer Liebesbotschaft darin – einmal zusammenfalten. Rasch an den Enden fassen und die gerade Seite jedes Halbkreises über dem Rand eines Glases einbuchten, um die typische Fortune-Cookie-Form zu erhalten. In einem Eierkarton auskühlen lassen, damit die Cookies ihre Form behalten. So fortfahren, bis Teig und Liebesbotschaften verbraucht sind.

♥ Sie sollten beim Abbacken unbedingt mit mehreren Blechen arbeiten, damit diese zwischendurch abkühlen können. Der Backvorgang muss übrigens unterbrochen werden, damit die Teigkreise schön gleichmäßig bräunen.

Be my Christmas Angel!
Fröhliche Weihnachten

Verzeichnis der Rezepte

Bunter Teller

Lebkuchen & Co.

Internationale Spezialitäten